我買ETF
30歲到北歐看極光

尋常7年級上班族的完成夢想投資法則
Exchange Traded Funds

張耿豪 著

U0070060

序 ——————————————————————

　　我 30 多歲，是相當平凡的上班族，我 2017 年到北極看極光，而且雖然我「肯定」領不到政府為勞工設計的退休金，但是我對退休生活十分的篤定！

　　我瘋了，還是我是太過樂觀的傻子？兩者皆不，**只是我善用年輕人的本錢！時間！**其實只要你有時間，如你是 30 歲以下的年輕人，你的內心可以和我一樣的篤定。

　　我先把底牌揭開，希望你能耐心聽我對你說。

　　如果你能在 30 歲前存到一筆錢（70 萬？ 50 萬？再不成 30 萬也罷），然後你把這筆錢投資在布局全球的投資工具上，穩穩的享受大約每年 6% 的增值（我從 2011 年開始至今，平均的年化報酬率大約是 7%，因此 6% 的投資報酬假設並不誇張），那麼到退休的年齡這筆錢就可以成長為 7.6 倍。你認為 500 多萬到 200 多萬的錢不夠退休？那麼你不妨在 30 歲之後持續的加碼，無論如何這是一個很好的開始。

　　大家都聽過複利的效果！越早開始，效果越大，因此你在 30 歲就存下第一桶金，他為你生錢的效率可是比 40 歲的一桶金來的快很多。

　　回到上一個問題！存 70 萬甚或是 30 萬很難？甚實不是那麼容易，但是只要有選擇的花費，不是辦不到！如果條件一般的年輕人，收入不高，你不用什麼錢都要花，當然什麼也不花也讓人生太無味，於是你只花對你有意義的錢。我喜歡出國旅行，因此我雖然

常出國，但是其他的花費能省則省，看能擠出多少錢來，能存多少是多少。

關於存錢雖然剛開始比較辛苦，但不這樣開始，你將永遠存不了錢，先下定決心好好存到第一桶金，或是半桶金也可以，沒有存錢要怎麼做投資？

早早的存了第一桶金之後，光是放銀行可行嗎？銀行付你的利息可能還趕不上物價上漲的速度，於是你要用報酬更高的工具。這工具不只要報酬高，還要可以買進後不理，放著就可以自己增值，而且永遠不怕遇上地雷股。

因為買了之後要花太多時間來研究或是照顧，對一般上班族而言，可能心有餘而力不足，而且不把時間用來提升自己的工作表現，而是用來「炒股」，其實未必聰明。也不是每個人都對「投資」的相關知識那麼有興趣。

喜歡看極光更甚於看盤的我是如何解決這個問題？那就選擇布局全球的美股 ETF！公司會倒、產業會黃昏，但是全球不會一起末日！用美股 ETF 布局全球，你的報酬永遠不會令人驚艷，但是長期下來，讓你的財富持續增長，同時每天睡的好。

我一直有計劃的花費！從 2011 年開始，用美股 ETF 來累積我的財富。2017 年，我帶著老婆以自由行的方式到北極看極光。

我對未來充滿了踏實感！你也可以！　張耿豪

目錄

第三章
徹底搞懂 ETF　**079**

第六章
投資全球很難？
從開戶到資料查詢一切網上搞定！ **211**

第一章
Chapter 1

存一桶金去實現夢想，
或是安心退休！
立刻用對的工具
投資吧！

存一桶金去實現夢想，或是安心退休！

立刻用對的工具投資吧！

　　想要變得有錢？真正可以操之在我，而且幾乎保證有效的方法，就是及早儲蓄，並把存下的錢，以長期持有的方式投入美股ETF。其他的方法，你也不要放棄，創業、努力在工作上求表現等等，不過這些你也知道，操之不全在你。長期持有美股ETF，方法太簡單，絕不會妨礙你在其他方面的表現，而如果你投入的早，一筆小錢就可以滾出讓你不虞匱乏的退休金。

無聊又平庸，但是保證讓你過的好！

　　其實投資「指數股票型證券投資信託基金」（Exchange Traded Funds；ETF）最大的敵人就是耐心！我投資美股ETF，從 2011 年到現在，算一算也將近 7 年了，當然周邊的朋友也有不少人曾投資ETF，但有很多人不能持續維持下去，原因不外乎就是嫌投資時間太久，及報酬率感覺很「平庸」。跟其他「高風險」資產一比較，ETF 這種 3 ～ 7% 的年化報酬率他們完全看不上眼。

　　其實滿為那些朋友感到可惜，有深入研究的投資者都知道，ETF 在長時間的績效基本上是反應大盤的績效，而多數的投資人，甚至是基金經理人，很難打敗大盤。但人往往都會被「更好」的報酬率沖昏頭，也因為如此，不少朋友轉戰買個股或是聽從其他朋友的建議「買未上市股票」等投資，其實我聽了這些標的差點沒昏倒，他們似乎都為了想像中的高獲利，而忽略了風險。

　　也許就是投資 ETF 讓投資人什麼事都不用做，感覺沒在「投資」所以很無聊，「投資人完全沒有參與市場的感覺」，因此許多人投資了一陣子，就開始追逐可以讓自己很「忙」，每天盯著價格起伏，很有刺激感的投資工作。

　　不過如果你沒有「耐心」投資起伏相對平緩的 ETF，那麼你有很大的機會，在利用其他工具投資時，也栽在「耐心」這兩個字上。試想你投資的股票某天跌 10%，你受的了？連兩天跌 10%，你還可以冷靜的分析，是超跌所以要續抱，還是反應實際情況，所以要快出脫。

　　對 ETF 投資缺乏耐心的人，往往也高估了自己的風險忍受度。沒有錯，ETF 的投報率永遠比不上你買對一支飆股，買對一支飆股一年賺 3 倍很常見，這個數字投資在 ETF 可能要 10 年才能達成。不過那些追求年賺 3 倍的人，可能忽略了他也可能買到地雷股！

　　說真的！企業外部的人可以百分百避開投資地雷股的風險？我想真的沒有人可以保證排除買到地雷股的機率。許多企業內的真實情況，除了大股東和高階經理人，其他人根本無從判斷。那麼多產業分析師有沒有辦法事先看出端倪？不妨回想一下恩隆（Enron Corporation）案，在事件爆發前，他是受到多麼大的讚許！因此在事件爆發後，讓許多投資人都措手不及。

　　說真的！你在追求所謂的高投資報酬率時，有認真的考慮到背後的高風險？如果買到一年賺 3 倍的股票固然好！那買到一夕之間跌成壁紙的股票你也同樣可以接受？

大多數人，對損失（買到地雷股）的害怕更甚於對獲得的喜悅（買到飆股），因此，對大多數人而言，想投資成功最簡單的方法就是買進 ETF，同時投資大量的企業，以消除買到地雷股的風險，然後保持「耐心」，讓時間替你帶來報酬。

　　除非你是心態堅強的賭徒，否則 ETF 雖然「無聊」，但卻是簡單有效的投資方法。

　　通常沒有「耐心」的投資人其實對財經知識也一知半解或甚至不關心。就這樣很簡單的只是聽「朋友說」就去買莫名的資產，當然其他投資工具並沒有不好，但是如果連 ETF 這種用買進並持有（Buy & Hold）的簡單操作方法的投資工具都沒搞懂的話，我想操作其他投資工具只會更加困難。這些高風險資產也許可以帶給你短暫的上漲喜悅，但長期下來這樣大起大落的績效，真的是投資人想要的嗎？只要一次讓你跌到谷裡，你可能一輩子就不敢再投資了。

　　有人說可以適用買進並持有的投資工具很多，為什麼我會強調要用「美股 ETF」？許多存股族最愛的台積電（TSMC）不行？或是台灣金融業者發行的 ETF 不行？

　　我一直在想如果叫我 100% 的資金都重壓買台積電（TSMC），說真的我還真的不敢買，我怕他有一天出走台灣或是高階經理人更換後經營不善。但真有不少台灣投資人重壓單一支股！常常聽到很多人一輩子存台積電或是中華電又或是中鋼等股票，其實我都為他們捏把冷汗，難道這些公司可以不受景氣影響而永遠不會倒閉？萬一真的倒閉怎麼辦？

　　不少台灣人喜歡用元大寶來台灣卓越 50 證券投資信託基金（0050）來投資台灣，雖然這也是一種 ETF，但是投資人知道光是台積電（市值約 1,660 億美元）就佔了 0050 市值將近 20% 嗎？

　　意思台積電只要倒了，投資人就會蒙受損失高達 20%。而如投資美國的 Vanguard Total Stock Market ETF（VTI）這種投資範圍廣的 ETF，就算是持有全世界市值最高的蘋果（7,500 億美元），而蘋果也不幸真的倒了，投資人也只會承受約 2 ～ 3% 的損失。

　　說真的，投資 ETF 這 7 年多來，我並沒有因為投資這件事讓我睡不著或是失望，因為我知道我投資的資產不會倒下，更別說他會消失。除非受到外星人攻擊地球導致人類滅亡，或是被統治，不然不會發生你的資產不見這種鳥事。而我也知道大盤今天表現如何我也差不了多少，所以我也幾乎不去看帳戶，我也告知很多投資朋友能不看就不要去看帳戶，畢竟我們投資是「長期計劃」，短期波動其實根本無需理會，我頂多就是每次把錢匯款至帳戶時看金額或是配息等等數字對不對而已。

　　說到這裡，投資 ETF 好像真的很無聊，**但是我有「更多除了投資還可以專注其他事情的時間」**，如培養第二專長或是培養其他興趣等，投資 ETF 是我的退休計劃之一，但並不代表我人生中 100% 就只有投資而已。

　　很多人也許把投資當成一個遠大且偉大的志向，及邁向自由人生的指標，當然這也是我目標之一，不過我想生活、家人、朋友及工作上，還有更多值得我們關注的事情。

相信我，當你把錢放在 ETF 上，那種踏實感是投資其他標的感受不到的，並分散投資於全世界的各地區資產上，10 年、20 年、甚至 30 年，表現一定不會大好，但也不會大壞，但一定有一個富足的退休生活，或是去完成你夢想的基金，而這就是最好的理財方式。

低薪資成長與低利率，你可以不投資？

為什麼要投資？我想很多人都有這個疑問，下面 5 點是大家幾乎都會遇到的問題，如果你也有這 5 點疑問的話，代表你可能需要了解「為什麼要投資」？

❶ 有資金去完成夢想嗎？ 如：創業、旅遊、結婚……等。
❷ 薪資存款夠退休時用嗎？
❸ 把錢存在銀行趕得上通貨膨脹嗎？
❹ 孩子的教育費以及買房費用怎麼辦？
❺ 要如何早點達到財務自由，提早退休？

而解答以上問題？
最核心的兩個答案就是「**資產價值增加與對抗通膨**」。

由於通貨膨脹在歷史長時間下來平均約在 2% ～ 2.5%，而更讓大家有感的是台灣銀行存款利率已從民國 90 年代的 4.9% 下降到 104 年的 1.245%，在這 15 年跌幅將近 75%，存在銀行的存款也隨著時間增長購買力持續下降。

對於許多過於保守的投資人而言，由於害怕承擔風險，投資的唯一途徑就是把錢存在銀行。不過把錢存在銀行雖然安全，但是有

限的存款利息，扣除掉通貨膨脹，使存款人實際享有的購買力增力速度緩慢。加上現在上班族薪資調整的速度緩慢，因此如果只是把錢放銀行，那麼不要說早日獲得財富自由，一個年輕上班族，就算辛苦工作 40 年，恐怕連退休的準備都大有問題。

▼ 民國 90 年到民國 104 年合庫銀行 3 年定存利率與物價上漲率：
在多數時間，物價上漲會部分或是全部抵消定存的效用

年度	5 年物價上漲率 累計平均	3 年定存利率 （合庫）
90	0%	4.9%
91	-0.20%	2.45%
92	-028%	1.625%
93	1.61%	1.625%
94	2.30%	1.69%
95	0.60%	2.16%
96	1.80%	2.33%
97	3.52%	2.74%
98	-0.86%	1.00%
99	0.96%	1.085%
100	1.42%	1.425%
101	1.93%	1.425%
102	0.79%	1.345%
103	1.20%	1.245%
104	-031%	-

資料來源：台灣銀行、作者整理

所以，如果你希望可以早日退休，除了努力工作，提升自己由工作獲得財富的能力外，另外一個可以也必須同時進行的方法，

就是設法提高你的投資報酬率，不要只是一昧的把錢放銀行定存。

你一定要了解，只要把投報酬稍為提升，時間一長，讓複利的效果產生，那麼，10 年、20 年下來，將會產生很大的差別。

如果錢不能只放銀行，那麼有什麼其他的投資工具可以選擇？

而通常投資於債券基金或股票基金，通常能慢慢累積自己的財富，至少可以讓你儲蓄的購買力不被通貨膨脹給吃掉。自 17 世紀工業革命後，全球經濟持續成長，生產力及產出不斷增加，也因此如果你投資一籃子的企業，時間夠長，那麼你一定可以在風險極低的情況下，分享因為時代的進步，而產生的財富增值。

💲 立刻開始儲蓄！讓複利多點時間發酵

對於很多年輕人或是上班族來說，該怎麼存到退休後的基金是非常迷惑的，很多人不知道怎麼開始，或是不知道原來小錢經過長時間的累積下，可以得到一筆可觀的報酬，所以不要只停留在「想」而沒有去做，應該要立刻做出改變並開始規劃自身的財務。

當然，很多人沒有一大筆錢可以投資，但是可以從「平常的開支開始省小錢」，一個月多存 1,000 元或是 2,000 元，長時間累積下來也是一筆可觀的退休金，而且最好永遠不要停止這項計劃。

我不是要告訴大家生活要過的多苦，要多縮衣節食，而是如果你沒有體認到所有大錢都是從小錢開始累積的，那麼你將無法爭取到「時間」這個朋友，幫你快速的累積財富。

　　這怎麼說呢，如果你認真的檢討你的花費，發現在你的出國旅遊及進修費用之外，你每個月花了不少的金錢在外食上，而你不討厭下廚，於是你開始每天自己下廚，這樣每個月省下 1,000 元，5 年後就是 6 萬元，你拿這 6 萬元，去買一支月配息的基金，不管他的月配息是多少（你認真找 5% 左右不是沒有），那麼你每個月都會有「錢」替你生「錢」。隨著時間的過去，你的錢會自動的增加。

　　如果你沒有開始設法有意識的把錢存下來，那這些都不會發生。

　　存錢考驗著人的耐性與毅力，這兩個缺一不可，不過年輕時應該盡可能的多存點錢，好應付將來的各種花費。我一再強調的是，你真正喜歡做的事就去做，老朋友生日，要慶祝就慶祝。想看看北極的極光，就去看極光。但是對你可有可無的花費，能省則省。

　　我有時和朋友分享自己的投資心得，不少朋友的反應是：「好棒」，我先回去訂個計劃，下個月開始「存錢」，每次聽個這樣的回應，我內心總是想和他說：「如果你想學好投資，並且想投資成功，或是打造一個屬於自己的退休生活，那麼第一步絕對是要下定決心開始儲蓄，不是等一下或是下個月，而是『現在立刻馬上』這樣做」。

　　而且有一件事很奇怪。經常聽到周遭朋友想要學習怎麼賺錢與怎麼投資。但是始終沒有聽過朋友說過要怎麼開始學儲蓄，這些朋友不是買新車，就是去有名餐廳，花起錢來完全不手軟，或是有新手機就必敗，有假就找朋友出國旅遊，身上永遠有最潮的

東西，因為他們覺得人生就是要活在當下，存錢永遠都是擺在最後一個計劃，閒聊時才會聊到，然後一再重覆，就這樣過了好些年，日子還是一樣，然後也沒有存到什麼錢。

問題是如果你手上沒有累積一筆錢，你那有錢去投資呢？你哪有機會讓你的資產壯大到可以用錢來賺錢呢？

如果你不想成為那種人，那麼請麻煩下定決心開始認真執行你的儲蓄計劃，**也許儲蓄剛開始很痛苦，但是你現在的延遲消費，卻可以讓你以後有更多能力，可以去從事你想要的各種活動及想過的生活，那麼你為何不這麼做？**

威廉伯思斯坦（William Bernstein）曾說過：「如果你在 25 歲開始每月存 1 塊錢，到退休時累積的金額，相當於 35 歲開始儲蓄，每月存 2 塊錢；相當於 45 歲開始儲蓄，每月存 4 塊錢；如果你到 55 歲才開始存錢，那麼你更要每月存 8 元才可以彌補過去損失的存錢機會。」看到這你還會再延遲你的儲蓄計劃嗎？你還會在想等收入高一點時再開始存錢？多數人 55 歲時的收入不會是 25 歲的 8 倍，因此，你越晚存錢越辛苦。

我們用實際的例子來看看及早儲蓄，並將儲蓄得來的資金用在投資上，長時間下來會有什麼效果。

如果我們以預期未來全球股市平均報酬率扣掉通貨膨脹後有 4%，你投入 1,000 元在 10 年後會成長到 1,539 元，到了 35 年後更是會成長到 4,104 元，整整比 1,000 元還多了 4.1 倍。這樣你還會小看每個月多存 1,000 元的威力嗎？重點是你要早一點投入那 1,000 元，讓他有 35 年甚至是 45 年的時間去增值，還是一直只說不做？

▼ 在 4% 的投報率之下，投資 35 年，資金成長 3 倍

	1 年	5 年	10 年	20 年	30 年	35 年
4%	1040	1265	1539	2279	3373	4104

資料來源：作者整理

另一個例子：

如果一個年輕人一個月可以多省下 1,000 元（相當於每天存 33.3 元），1 年就有 12,480 元，10 年有 168,310 元，到了 35 年時總共有 968,427 元，從 35 年本金是 42 萬元，成長到約 97 萬元，足足成長了 2.3 倍。

一個月多存 1,000 元，對年輕人來說我相信應該是可以做到的，每天只要少花一點，就綽綽有餘。而且你一定要知道，越早開始越好。

存錢不但越早開始越好，多存一點，複利放大的效果更大。如果你每月多存 1,000 元，在 4％ 的投報率下，35 年後為 968,427 元；如果你月存 2,000 元，35 年後為 1,936,854 元，中間有著約 97 萬元的差距。

時間的複利到底有多重要與強大，透過這張表可以一覽無疑。

▼ 4% 複利與時間加乘，讓平庸的投報率也有驚人的效果

日存	月存	1 年	5 年	10 年	20 年	30 年	35 年
33.3	1,000	12,480	82,780	168,310	398,976	740,418	968,427
66.6	2,000	24,960	165,559	336,619	797,951	1,480,835	1,936,854
100.0	3,000	37,440	248,339	504,929	1,196,927	2,221,253	2,905,281
133.3	4,000	49,920	331,118	673,239	1,595,903	2,961,670	3,873,708
166.6	5,000	62,400	413,898	841,548	1,994,878	3,702,088	4,842,135
200.0	6,000	74,880	496,677	1,009,858	2,393,854	3,741,573	5,810,562
233.3	7,000	87,360	579,457	1,178,168	2,782,829	5,182,923	6,778,989
266.6	8,000	99,840	662,236	1,346,477	3,191,805	5,923,341	7,747,416
300.0	9,000	122,320	745,016	1,514,787	3,590,781	6,663,759	8,715,843
333.3	10,000	124,800	827,795	1,683,097	3,989,756	7,404,176	9,684,270

資料來源：作者整理

🔍💲 投資方法要簡單才有效： 長期觀點、長期觀點、長期觀點

如果你認同我之前的說法，了解到要早存錢，也要投資設法提升投資報酬率，那麼要如何投資呢！下圖為美國股市（S&P500）35 年來的走勢，你可以發現它有兩個特色！首先，經常大跌，其次是長期而言是上揚的。

▼ 1982 至 2016 年（標準普爾 S&P500）指數走勢：
在走勢長期走高但是偶爾大跌的情況要如何投資

資料來源：Market Smith、作者整理

先說說會讓人嚇破膽的部分：大崩盤！

1987 年黑色星期一：

1987 年 10 月 19 日道瓊工業指數幾個小時內暴跌 22.62%，而造成當天全球市場重挫，如英國股市下跌 10.1%、法國股市下跌 6%、荷蘭股市下跌 7.8%、比利時股市下跌 10.5%、日本股市下跌 14.6%、香港恒生指數下跌 11.12%、新加坡股市下跌 12.15%。

2000 年網路泡沫：

2000 年 3 月 10 日納斯達克（NASDAQ）指數觸及 5,408.60 的最高點，且以 5,048.62 收盤，3 月 13 日星期一大規模的賣單引發拋售連鎖反應，基金和機構紛紛開始大量恐慌拋售，僅僅才 6 天時間，NASDAQ 就損失將近 9%，從 3 月 10 日的 5408 點掉到 3 月 15 日的 4,580 點。

2007-2008 年次貸危機：

2008 年 9 月中旬雷曼兄弟公司破產，造成歐美多家銀行陸續爆發財務危機，信貸緊縮加劇，造成全球股價大跌。

上面這 3 個金融風暴除了 2008 年以外，另外兩個我都沒有經歷過，但是我光是看到這些驚人的下跌數字就頭皮發麻，更不要說如果投資人把所有資產都重壓在單一地區或產業上損失會有多大？

其中又以 1987 年 10 月 19 日美國大盤一天之內跌掉 22.62% 最為誇張，想想看這是什麼概念？

依照美國耶魯投資長 David F. Swensen 講法：

這種下跌代表著 25 個標準差的乖離率，在常態分配下，這 25 個乖離率根本不應該發生，而 8 個標準差的發生機率大概 3 兆年才會發生一次（所以乖離率 25 個標準差根本不應該發生），對現在我們認知來說，真的非常不可思議，不過當時卻是活生生在上演。

看完了令人嚇破膽的部分，接著看看令人振奮的部分！

從 1982 至 2015 這 35 年期間，雖然發生過上述 3 次大崩盤，但是標準普爾（S&P500）總共上漲了約 1,567%。假如你從 1982 年投資 5,000 美元於美國股市，再每年定期投資 3,000 美元到 2015 年，你會擁有 115 萬美元，年化報率約 9.92%。

以上兩個事實告訴我們什麼？首先，如果你投資的資產廣度夠，時間長，那麼你最終可以獲得不錯的報酬。如你投資和標準普爾（S&P500）相同成分的 ETF，那麼 35 年後你的資產就增值了

15 倍。如果你在 30 歲那一年投入 30 萬台幣（約一萬美元），其間什麼都不做，那 35 年後，你就擁有 450 萬台幣。

其次，如果你不想長期投資，而是想到掌握股市的每一次轉折而獲利，不但要花很多時間，而且多數人都辦不到。每一次股災發生之前市場都在創新高，大家一片看好前景，但是接下來就是一陣崩跌，這代表有一票的所謂專家看走了眼，那麼一般民眾有可能可以預測股市的漲跌！

其次是人的理智會受情緒影響，每一次的股災幾乎都可以看見成交量大增，這一點也都不意外，在遭遇金融海嘯時，哪個投資人不是棄船而逃？更不用說許多基金也紛紛遭到投資人贖回，而規模大幅縮水。

當然多數投資人一定也會趕上這波賣股熱潮，開始賤價出清股票，事後再來說出「早知道就不要賣」的這種後悔言論。而金融市場就是常常會發生這些不可預期的事，**當平常理性的你，忽然遇到這些不可預期的事，往往都會推翻掉你平常理性的判斷。**

絕大多數投資人都有著「**過度交易以及過度自信的毛病**」，每天市場上充斥的一堆新聞與內線消息，所以他們常常會依據最新消息來不斷更換本身的投資組合，過度自信的認為市場會往哪邊走，哪個市場接下會很好，不願錯過任何可以賭一把的機會。

多數投資人一年當中都在玩短期又投機的遊戲，「從未想過要如何正確的長期投資，以消除掉散戶原本資訊就比機構法人少的先天不良條件」，或是掌握散戶可以控制的事：「減少交易次數，降低交易成本」。

最後，如果你對投資沒有長遠的看法，那麼當你努力存很久的錢遇到了金融風暴，哪怕只有一次，你都會倒地不起，一輩子可能就會對金融市場失去信心，再也不敢投資。平白的因為短期的挫折而放棄長期而可得的穩定報酬。

不少國內知名「網站或平台」會不時的對投資人推薦說哪個基金好，哪檔股票好，哪個國家與產業開始要成長，甚至還有教人在匯率波動時買賣賺價差。這些過度操作的行為就是殘害自身報酬的開始。

當然許多投資人運氣很好，靠著不錯的運氣，利用短線的手法在市場賺到一點快錢，但什麼是快錢？就是很快賺到但是又很快賠掉！到頭來投資人會發現浪費掉許多機會成本，報酬率還不及市場大盤報酬。更諷刺的是這些人搞不好連自己當年報酬率都不知道，只有印象中好像應該有賺吧，這樣的人還真不少。

人們永遠在追逐熱門股票，**我想投資人都了解金融市場的獲利關鍵因素就是「逢低買進，高價賣出」**，不過用說的都容易，但是身為散戶的我們可以每次都做對嗎？

其實不用冒著極不對稱的風險，去換取幾乎為零的期望報酬率。

自己選股？知道哪個市場好？或是知道哪個產業會快速成長？這些還是給那些「專家」做吧！

🔍 為什麼要讓基金公司賺走 2 成的利潤

你可能會說，「我認同要立刻開始存錢，我也認同不可以押注在少數公司股票上，那我買基金不可以嗎？」

一方面基金公司往往在錯的時候，大力叫你買進。「散戶投資往往是投資的反指標」，當你知道市場開始向上走，其實就是最不應該進場的時候，不過對基金公司而言，這正是大力促銷的最好時間。因為這時投資人聽得進基金公司的話術，很容易掏出錢來買單。

第二方面，也許是最重要的部分「真正的長期投資人，你一定會在意費用」（交易手續費及基金管理費等）。那些不在意費用的人大部分都是短期投資人，因為他們認為在短時間就可以賺到比費用支出還高的報酬，所以費用對他們一點都不重要。

前面說過，美股 35 年來年化報酬率大約是 9% 左右，而基金公司，不管他的操作績效如何（多數無法打敗大盤），收取 1.5% 的管理費是很正常的。你的實際報酬率，經過基金公司的服務，立刻降為 7.5%。那麼你為什麼不直接買一個複製大盤的工具？在投報率相同的情況下，省下管理費？

▼ 假設投資人投資 1,000 美元，報酬分別為 7.5% 及 9%，由此表來看出小小的 1.5% 費用，35 年下來累積差距有多大。

年份	7.5%	9%	年份	7.5%	9%
1	1075	1090	19	4248	5142
2	1156	1188	20	4566	5604
3	1242	1295	21	4909	6109
4	1335	1412	22	5227	6659
5	1436	1539	23	5673	7258
6	1659	1677	24	6098	7911
7	1783	1828	25	6556	8623
8	1917	1993	26	7047	9399
9	2061	2172	27	7576	10245
10	2216	2367	28	8144	11167
11	2382	2580	29	8755	12172
12	2560	2813	30	9412	13268
13	2752	3066	31	10117	14462
14	2959	3342	32	10879	15763
15	3181	3642	33	11692	17182
16	3419	3970	34	12569	18728
17	3676	4328	35	13512	20414
18	3951	4717			
總差距 20414-13512 = 6902 美元 換算成台幣約 20 萬 7,000 元（匯率美元兌台幣 ×30）					

這也是為什麼我建議你要從主動投資（一般的共同基金）轉換成被動投資（ETF，指數化投資）的原因。

第一章

第二章
Chapter 2

簡單有效的投資方法：

長期持有，

用美股 ETF 布局全球

第二章
Chapter 2

簡單有效的投資方法：
長期持有，用美股 ETF 布局全球

找到一個低費用的投資工具，把錢平均的投入美國、歐洲、亞太及新興市場。然後你可以很確定 30 歲投入的錢，到 65 歲會變成 7.6 倍。不用擔心你投資的公司成地雷、不用擔心你選的地區不如預期。你每天都能睡的好，可以全心發展事業和興趣。

美股 ETF 只收你 0.05% 的管理費

理財投資的工具有非常多種，較多人使用的有股票、基金、房地產、保險等等，那為什麼我偏愛使用美股 ETF 做為投資的主力？原因非常簡單：**投資成本低廉，有許多持有資產廣泛的 ETF 可以選擇，降低你旳投資風險。**而美國金融市場規模龐大，使在美國發行的 ETF 享有高流動性，臨時要脫手，也一定賣的掉。

以上特色搭配長期持有的操作方法，非常適合平日有其他工作的投資人。不過如果你認為投資 ETF 的人是不懂投資，或是你認為投資 ETF 沒有效率，那你可大錯特錯。

相反的，投資美股 ETF，可以讓你專心的工作，追求更多元的人生目標及保障，而長期的投報率，可一點也不比天天在股市殺進殺出的人差呢！

我們不妨先看看代表美國整體市場的 Vanguard Total Stock Market ETF（股號：VTI）。VTI 成立於 2001 年 5 月 24 日，由 Vanguard 所成立，到現在已經整整 16 年，不但資產每年繼續擴張，現在更成為前十大 ETF 之一，而 Vanguard 所管理的資金更是不斷的在成長，在成立之初誰都沒有想到 Vanguard 可以在全球基金大放異彩。

VTI 在 2001 成立時年度管理費為 0.15%，經過了 16 年，現在年度管理費已經降到 0.05%，這 16 年間將近約 67% 的降幅，從 2001 年 VTI 規模只有 4,000 萬美元，一路成長到 2016 年約 590 億美元，Vanguard 更是從 2001 年管理資金約 240 億美元成長到現在約 4 萬億美元，可以說是呈現爆炸式成長。

Vanguard 不管是從基金規模或成長性來說，其他資產管理公司很難複製其成功之道，而 Vanguard 之所以最深受投資人喜愛也是最重要的關鍵因素，就在於隨著基金的成長，基金管理費用也一直逐年向下調降，很難找的到有其他資產管理公司那麼替投資人著想。

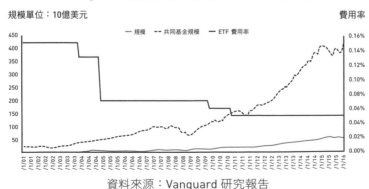

▼ Vanguard 規模快速成長但是費用大幅降低

資料來源：Vanguard 研究報告

反觀封閉的台灣呢？台灣基金業者這 15 年來有什麼改變嗎？首先光是要找到存活 15 年以上的基金就真的不好找，更不用說隨著規模越大而費用每年調降，就算有調降費用也都是非常非常少，從這個地方就可以知道台灣金融業者對台灣投資人的心態。

台灣基金管理費用動輒 1.2% ～ 2.5%，即使績效不好又如何？這些管理費用都流進金融業者口袋，以複利方式成長，而卻不是留在投資人口袋成長。基金公司該賺的一毛都不會少，不過投資人依舊吃這套，這也是為什麼台灣基金不管發行的標的有多荒謬還是依然熱賣，因為基金公司再加上網路寫手，更甚至把報章雜誌廣告通通買下來，這種完美的組合，會讓你覺得未來全球趨勢走向就是這樣沒錯，投資人根本不得不買，如果你也是屬於這樣的投資人，那麼恭喜你，趁現在離開他們的圈套還來得及。

基金公司與投資人一直存在著利益衝突，你還想妄想他們不會從你身上竊取任何一毛錢？市場的通則就是，當你付出的越多得到的回報就越少，每多花 1 毛錢在管理費上，那麼你就是少 1 毛錢的報酬。

主動型基金收你高額管理費，但是績效有很好嗎？

人們為什麼要每年付 1.2% 的管理費給基金公司，而不投資每年管理費只有 0.05% 的 VTI？基金公司提出的理由是，因為專業的基金經理人操盤，可以提高投資報酬率。

但是真的如此嗎？事實是經理人有 80% 以上投資報酬率不如自己所追蹤的大盤指數。

一分由 S&P Indices Versus Active 發表的研究報告，研究了各種基準指數不同時間的投報率（以標準普爾 500 為例，近 10 年的投報率大約為 7.42%）。並追蹤了所有投資美國市場的共同基金，在 2016 上半年為止，1 年、3 年、5 年、10 年的績效。

發現在其中扣掉費用後，有高達 80% 投報率不如基準指數。除了投資期間外，上述研究報告也依投資標的評比其績效。發現不管是投資於全市場或是大、中、小型股的共同基金，或是只投資房地產的共同基金，普遍來說都有 80% 跑輸其基準指數。

▼ 美國共同基金與大盤績效比較

分類	1 年（%）	3 年	5 年 （年化報酬率%）	10 年 （年化報酬率%）
S&P Composite 1500	3.64	11.52	11.94	7.53
所有美國國內共同基金	-3.34	8.35	8.69	5.96
S&P 500	3.99	11.66	12.10	7.42
所有大型股票基金	-0.38	9.37	9.64	6.06
S&P MidCap 400	1.33	10.53	10.55	8.55
所有中型股票基金	-5.17	8.12	8.07	6.64
S&P SmallCap 600	-0.03	10.23	11.20	7.86
所有小型股票基金	-7.21	6.36	7.29	5.58
S&P Composite 1500	3.64	11.52	11.94	7.53
所有複合規權股票基金	-3.39	8.48	8.59	5.66

資料來源：S&P Indices Versus Active

第二章

▼ 共同基金投報率低於基準指數的比率

基金類別	基準指數	1 年（%）	3 年（%）	5 年（%）	10 年（%）
All Domestic Equity Funds	S&P Composite 1500	90.20	87.41	94.58	87.47
All Large-Cap Funds	S&P 500	84.62	81.31	91.91	85.36
All Mid-Cap Funds	S&P MidCap 400	87.89	83.81	87.87	91.27
All Small-Cap Funds	S&P Smallcap 600	88.77	94.07	97.58	90.75
All Multi-Cap Funds	S&P Composite 1500	91.61	86.13	94.71	90.29
Large-Cap Growth Funds	S&P 500 Growth	95.10	90.32	97.38	98.59
Large-Cap Core Funds	S&P 500	81.25	87.76	92.16	88.21
Large-Cap Value Funds	S&P 500 Value	77.04	82.44	88.78	67.76
Mid-Cap Growth Funds	S&P MidCap 400 Growth	95.56	81.14	88.04	95.21
Mid-Cap Core Funds	S&P MidCap 400	82.48	84.96	87.68	92.31
Mid-Cap Value Funds	S&P MidCap 400 Value	77.78	85.33	81.71	87.21
Small-Cap Growth Funds	S&P Smallcap 600 Growth	90.09	95.26	96.85	94.53
Small-Cap Core Funds	S&P Smallcap 600	90.78	95.56	97.89	89.77
Small-Cap Value Funds	S&P Smallcap 600 Value	83.94	92.06	98.21	90.22
Multi-Cap Growth Funds	S&P Composite 1500 Growth	96.04	92.27	99.06	92.41
Multi-Cap Core Funds	S&P Composite 1500	91.16	93.21	93.37	89.33
Multi-Cap Value Funds	S&P Composite 1500 Value	83.87	77.97	87.50	80.92
Real Estate Funds	S&P US Real Estate Investment Trust	90.53	67.74	89.11	89.16

Source:S&P Dow Jones Indices LLC. CRSP. Data as of June 30. 2016. Table is provided for illustrative purposes. Past performance is no guarantee of future results.

資料來源：S&P Indices Versus Active

投資共同基金由專業人士操盤，為何會比不上基準指數？而最主要原因就是費用。基金經理人的薪資加上其積極操盤、不斷交易產生的手續費吃掉了原有的報酬率。

意思是，「專業」的基金經理人雖然可以提升投資績效，但是產生的績效，無法抵消產生的費用。

另外，偶爾有表現突出的基金，可以產生超過費用的投報率。不過基金會不斷吸引投資人將錢投入，導致基金規模越來越大，這將使得基金越來越笨重，使好績效不容易持續。

你投資的基金可以長遠存在？不要忘了 37% 的清算機會

許多人是因為不想花時間才會投資共同基金，他們的想法是把錢交給一個專業經理人和研究團隊，讓他們長長久久的替自己賺錢。但是他們不知道的是，如果績效不好，基金會被清算。

不論全球型基金或是國際小型股與新興市場基金，在成立的第一年都有著 9 成以上的存活率，但 3、5、10 年後，隨著時間的流逝，共同基金平均有著 18% 至 37% 被清算的風險存在，其中全球型基金在 10 年之內有高達 61% 的機率會被清算。

▼ 共同基金存活的時間不如你想像的久

基金類別	基金數量	存活率（%）	投資風格持續率（%）
1 年			
全球基金	284	94.37	89.79
國際基金	461	94.40	96.75
國際小型基金	99	93.94	92.93
新興市場基金	270	96.30	97.04
3 年			
全球基金	217	82.95	70.51
國際基金	344	89.83	88.37
國際小型基金	75	93.33	89.33
新興市場基金	217	87.56	87.10
5 年			
全球基金	188	70.74	53.72
國際基金	356	78.93	75.28
國際小型基金	60	91.67	86.67
新興市場基金	174	83.91	82.18
10 年			
全球基金	101	59.41	45.54
國際基金	289	60.90	58.48
國際小型基金	53	77.36	64.15
新興市場基金	72	79.17	75.00

資料來源：S&P Indices Versus Active

共同基金產生的投資報酬率比不上費用，存續時間也不夠久。

這些事實鐵證銀行一定不會告訴你，因為他們要靠銷售共同基金來賺錢。

更令人氣憤的是，美國共同基金管理費近年來大約在 0.5% ～ 0.8% 的水準，但是台灣平均還是在 1.5% 以上，而這是誰造成的？我想投資人也要負很大的責任。

▼ 2010 年到 2014 年台灣投資人持有前 10 大基金管理費用調整情況

	2010	2011	2012	2013	2014	2015	2016	累積降幅
聯博 - 全球高收益債券基金 AT 股	1.95%	1.83%	1.81%	1.78%	1.79%	1.81%	1.79%	-8.21%
安聯收益成長基金 -AT 累積類股（美元）			1.55%	1.51%	1.55%	1.55%	1.5%	-3.23%
NN-（L）- 環球高收益基金 X 股美元		1.90%	1.90%	1.90%	1.84%	1.86%	1.86%	-2.11%
摩根環球高收益債券（美元）-A 股（累積）	1.25%	1.25%	1.25%	1.25	1.25%	1.15%	1.05%	-16%
聯博 - 美國收益基金 AT 級別美元	1.44%	1.41%	1.37%	1.33%	1.36%	1.30%	1.32%	-8.33%
摩根投資基金 - 多重收益基金（歐元）（每季派息）	1.45%	1.45%	1.45%	1.45%	1.45%	1.43%	1.41%	-2.76%
富蘭克林坦伯頓全球投資系列 - 全球債券基金美元 A（acc）股		1.41%	1.39%	1.40%	1.40%	1.41%	1.42%	0.71%
富蘭克林坦伯頓全球投資系列公司債基金美元 A（Mdis）		1.54%	1.51%	1.53%	1.53%	1.53%	1.53%	-0.65%
貝萊德美元高收益債券基金 A2（美元）	1.39%	1.40%	1.42%	1.42%	1.46%	1.47%	1.46%	5.04%
路博邁投資基金 ---NB 高收益債券基金 T 月配（美元）			1.91%	1.98%	2.00%	2.10%	2.00%	4.71%

資料來源：台灣晨星、作者整理

從 2010 年到 2014 年間，台灣投資人持有最多的 10 大基金中，只有 5 家基金公司調降費用，3 間持平費用，更甚至有 2 間基金公司還把費用調高。分別是貝萊德基金與路博邁基金，2 支基金分別逆勢變本加厲調漲 5.4%、4.7%，這種情形我看只有台灣才會發生，而前 10 大基金平均成本費用都在 1.5% 上下。

可以知道台灣境外基金隨著規模越大，在投資成本上幾年下來其實根本沒有什麼太大變化，這些基金公司真的對投資人非常不友善，把台灣人當成冤大頭。

台灣境外基金公司就是吃定台灣投資人嫌麻煩的心態，看準台灣投資環境封閉，利用資訊的不對等，跟台灣投資人不願意做任何改變，因為大家都覺得把錢匯去國外麻煩或是擔心錢不見了。

在台灣肯投資海外的投資人也是只有少數族群，對基金公司來講根本不痛不養，如果投資人多做一點功課會發現，海外投資會比台灣安全。

以下是 Vanguand ETF 總開支費率，也是投資人最常用來做配置的 ETF，不管任何一支 ETF 調降幅度都遠超過台灣所賣的境外基金。

▼ 2010 年至 2014 年 Vanguand ETF 費用減幅

ETF 代號	2010	2011	2012	2013	2014	2015	2016	2017	調降幅度
VTI	0.06%	0.05%	0.05%	0.05%	0.05%	0.05%	0.04%	0.04%	-33.33%
VWO	0.22%	0.20%	0.18%	0.15%	0.15%	0.15%	0.14%	0.14%	-36.36%
VGK	0.14%	0.14%	0.12%	0.12%	0.12%	0.12%	0.10%	0.10%	-28.57%
VPL	0.14%	0.14%	0.12%	0.12%	0.12%	0.12%	0.10%	0.10%	-28.57%
VT	0.25%	0.22%	0.19%	0.18%	0.17%	0.14%	0.11%	0.11%	-56%
VOO	0.06%	0.05%	0.05%	0.05%	0.05%	0.05%	0.04%	0.04%	-33.33%
VEU	0.33%	0.28%	0.25%	0.20%	0.19%	0.13%	0.11%	0.11%	-66.67%
VSS	0.33%	0.28%	0.25%	0.20%	0.19%	0.17%	0.13%	0.13%	-60.61%
VEA	0.12%	0.12%	0.10%	0.09%	0.09%	0.09%	0.07%	0.07%	-41.67%
BND	0.11%	0.10%	0.10%	0.08%	0.07%	0.06%	0.05%	0.05%	-54.55%

資料來源：台灣晨星、作者整理

這 5 年間 Vanguard 這 10 支 ETF 調降最少的是 VOO，只有 16.69%，不過他的費用只有 0.05%，真的已經算是物超所值了，跟台灣境外基金動輒 1.5% 起跳的管理費，差了 29 倍，而降幅最多的分別是 VEU 與 VSS 調降了 42.42%。

這才是有替投資人著想的基金公司，隨著規模越大，也會分享給投資人，而不是隨著規模越大還把費用加重在投資人身上。

💲 高投資費用不只讓你輸在起點，而是一路輸

透過高費用成本的基金投資不代表它會有著高效率，更不能保證它會有著高績效，不過幾乎可以確定的是，它是會讓你延後好幾年退休的保證。

這與許多人或是政府機關的想法不太一樣，大部分的人會認為基金表現不理想最根本的原因，就是來自經理人的操盤有問題，卻很少人去質疑基金的費用過高，導致於基金績效經年累月跑輸大盤，但偏偏這才是最關鍵的原因之一。

我語重心長的建議，不管是剛學習或是資深投資人，都應該靜下心思考你是否也是犯了這些錯誤。

大家可以靜下心想一下這件事，假設你有 1 萬美元可以做投資，你選擇了費用率為 1.5% 的基金為投資標的，就這樣投資了 20 年，每年有著 10% 的報酬率，你的期末總報酬金額會有 49,725 美元，但是！如果基金費率是在 0.5%，20 年後，你的總報酬金額會有 60,858 美元，中間差了 1 萬 1 千多美元，**雖然費用只差了 0.5%，20 年累績下來會有著 18% 的巨大差距。**

而投資美國市場的 Vanguard 整體股市 VTI，費用只有 0.05%，與基金平均費用 1.2%〜1.7% 來比，有著 24 倍〜34 倍的差距。

任何會簡單加減乘除的人，都會知道費用帶來多大的傷害，還是你覺得你會是那個幸運挑到贏過大盤 20 年基金的人？

別傻了！這根本是天方夜譚，也許經理人某一年績效特別好，但是時間一久，都會回歸平均數，這是所有財經歷史不變的道理。

　　投資專家 Charles D.Ellis 這段話說的再貼切不過，的確很多投資人付出太多，回報太少。

　　Charles D.Ellis：「對長期投資人來說，經由健全的投資諮商，獲得明智又最適合自己的財力、責任、風險忍受度、投資技巧的長期投資計劃，是十分划算的做法」。

　　諷刺的是，大部分投資人在規畫最適當的長期投資計劃時，不肯、也不願意花錢找真正的幫手，這種嚴重過失造成了龐大的機會成本，錯過了原本垂手可得的東西。

　　大部分投資人每年經常支付大筆龐大投資操作費用，如經紀商、手續費、顧問費用、經理費、管理銀行費用，諷刺的是，投資人樂意無知地付出較高的費用，得到的價值卻比較低。

▼ 2000 年至 2015 年各類基金費用走勢

— 全產業簡單平均費用率
■ 工業基金平均費用率
■ 退休基金平均費用率

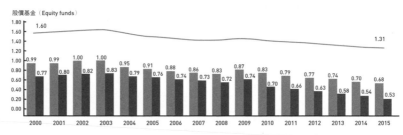

股價基金（Equity funds）

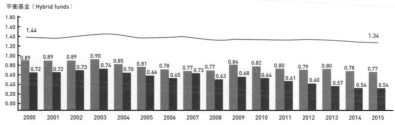

平衡基金（Hybrid funds）

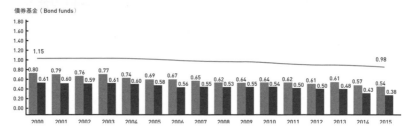

債券基金（Bond funds）

資料來源：美國基金研究中心

　　從 2000 年開始股票型基金平均費用是 1.6%，到 2015 年還是高達 1.31%，混合型基金從 2000 年的 1.44%，到 2015 年也是有著平均 1.34% 的費用，而債券型基金總開銷費用也有著將近 1% 的費用，而這還是美國基金平均費用，**台灣的基金費用更為誇張，平均績效也落後於追蹤指數。**

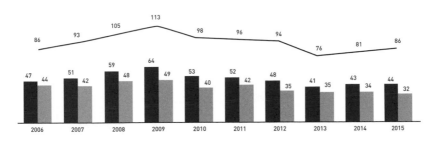

▼ 2006 年至 2015 年各類基金週轉率

― Simple average turnover rate of mutual funds:共同基金簡單平均周轉率
■ Average portfolio turnover rate experienced by equity mutual fund shareholders：共同基金持有者
■ Average portfolio turnover rate experienced by 401（k）equity mutual fund shareholders

資料來源：美國基金研究中心

　　為什麼共同基金的操作費用那麼高？一個主要原因是他們採用積極操作的方式，不斷的買進賣出，自然要付給交易所不少的手續費。在 2006 至 2015 年基金平均週轉率都高達 100% 以上，這代表經理人在那一年初買的股票到年底全都不一樣了，你可以想像這些買賣股票費用有多少。而這些錢就是投資人的隱性成本，間接增加投資人的費用。

　　如果你一定要投資共同基金，那有個很簡單方法，先看費用率，再看週轉率，有 70% 就可以挑選出好基金。

　　我們進一步看看投資費用對投資人的影響。每一年分別投入 20 萬到費用率為 3% 及 0.5% 的基金，20 年投資績效差距來到 84 萬，等於投資人需要多存 4.2 年的錢。

　　這還只是最簡單算法，如果你想存到 2,000 萬退休，期望報酬值每年 4 ～ 6%，通膨 2.5%，再考慮到基金績效部分（長時間

很難贏過指數），我想退休可能又會再晚個 4 ～ 5 年，等於要晚將近 10 年退休，如果是你，你甘心嗎？

▼ 投資費用對投資績效的影響

	每年基金費用 0.50%	每年基金費用 3%	20 年的差距	落後年數
基金 20 年投資所得總合	3,792,562	2,950,129	842,433	4.2

資料來源：作者整理

再看一個 Vanguard 舉的例子，假設一個由 10 萬美元開始，年平均增長率為 6% 的投資組合，用以說明 30 年間的開支對回報有何影響。

▼ 投資工具成本對資產累積的影響

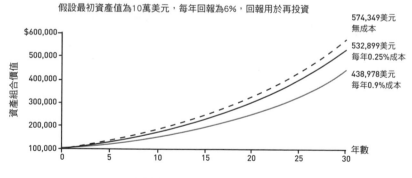

假設最初資產值為10萬美元，每年回報為6%，回報用於再投資

574,349美元 無成本
532,899美元 每年0.25%成本
438,978美元 每年0.9%成本

資料來源：Vanguard 研究新聞

在低成本情境下，投資者每年支付 0.25% 的資產開支費用，而在高成本情境下，投資者支付 0.90% 費用（相當於美國股票基金的資產加權平均費用比率）。

　　10 萬美元經過 30 年後，低成本與高成本情境中投資組合的潛在表現差異十分顯著，最終資產值相差接近 10 萬美元，而這 10 萬元差距你需要再花多少年才能填補？

　　投資人最在意的不外乎就是希望自己投資的基金有著高品質，效率又好，也會隨著規模越大費用調降越低，這才是投資人想選的基金，而在台灣找的到嗎？

當理性投資人遇上銀行理專！

　　有一天小明興沖沖跑到了某大銀行想要投資，由於小明看過了《投資金律》，與《智慧型資產配置》這兩本財經界鉅作，所以小明對投資有一定的概念。

　　小明一進去銀行，專員立刻熱情招待，小明表達來意後，立刻由銀行的理專專員把他帶到 2 樓寬敞又舒服的座位，當然茶水少不了，理專查了一下小明的資料後，立刻再補上小蛋糕等甜點，小明感到非常受寵若驚。

-------------------------------- 故事開始 --------------------------------

　　理專問小明說，請問哪裡需要服務嗎？

　　小明：不好意思，我想要做投資。

　　理專：沒問題，包在我身上，先生看你還那麼年輕，風險承受度可以高一點，長期投資基金正是時候，請問是要做長期投資嗎？

小明：是！我想要穩健一點的，請問是否有合適的基金？

理專：我幫你查了一下，我幫你找了幾檔不錯的基金，中國長期看好，有檔貝萊德中國基金「近期」表現不錯，與聯博高收益債，剛好股債比 8:2，**每月還有穩定配息喔**，還滿適合年輕人的。

小明：你是當我白痴嗎？我記得書上寫單壓一個國家與市場風險都太高，更何況還搭配了垃圾債，風險更大。（當然，這是小明心裡話當然沒講出來）。

理專：看你面有難色，這配置不喜歡嗎？

小明：請問有投資全世界型的基金或是有更好的建議標的嗎？

理專：當然有啊（非常認真找了 5 分鐘），現在貝萊德世界礦業是相對低點，還有安聯收益成長基金－穩定月收型。債券部分可以買台塑在海外發行的公司債，放滿 8.5 年，配息有到 3.25% 喔。再加一點新興市場當地貨幣債，這樣股債比也是 8：2，也是很適合長期投資的年輕人。

小明：（Shxx+ 翻白眼）真的當我是白痴耶，真敢推，又是推單一產業，還是前陣子紅到發黑的貝萊德礦業與安聯成長基金。債券竟然還給我配台塑公司債，算你狠，債券我買 LQD（投資等級公司債 ETF）都比這好好幾百倍。（當然，這也是小明心裡話當然沒講出來）。

小明：請問⋯⋯有像是 Vanguard 發行的 ETF，如 VTI、VGK、VPL、VWO 這種全世界型的配置及世界政府公債嗎？

理專：（傻眼 10 秒鐘）有！！有！！當然有！！可以透過我們家下單這 4 檔阿 !!

小明：（XXX）透過你們，我還要被銀行抽帳管費，一堆有的沒有的，如果我本金大同時要長期投資，那多划不來啊！！（當然，這也是小明心裡話當然沒講出來）

最後小明什麼都沒有買，小明這種奧客行為最後當然也被白眼出來，蛋糕小明理所當然也不敢多吃一口。

以上如有巧合，純屬虛構。

上述故事雖然不是真的，但是每天都在銀行裡上演，要不是小明平常有在讀書，早就直接下單了。

雖然我相信部分銀行理專也有非常有專業及同理心，但在現行抽傭制度上，再優秀的員工不是離去就是不得不向現實低頭，**但是我可以更肯定的說，為了業績什麼都敢賣給客戶的沒良心理專更是佔大多數。**

而「大部分的投資建議都是落後指標的」，在金融市場中誰都不知道接下來走勢會如何，但是如果你問銀行理專或是顧問的投資建議，通常它們會跟你推薦近半年來或是這一年來表現最好的基金或是債券。

這種只看短期績效的建議，很容易造成投資人買高賣低的情況，想理財的投資朋友還是自己要做點功課，才不會被銀行理專或是其他投資專家牽著鼻子走。

💰 你可以預測未來？找到投資的明日之星？

ETF 有價格便宜的優勢，這是鐵的事實，但是 EFT 有千百種，你要如何挑選？是否要去看看媒體上的投資專家要如何說，找到「將」有成長的產業？將要發熱的地區？

如果你還在聽信坊間各大師的各種經濟預測，那麼無疑你就是在慢性自殺。

首先我們先來看看近期各金融機構與經濟學家的各種預測：

從 2008 年聯準會主席 Ben Bernanke 說：我不認為銀行現在會有什麼嚴重的問題，結果？（2008 年發生金融大海嘯）。

2011 年美國前聯邦準備理事會主席 Alan Greenspan 稱歐元正在崩解，結果？（截至 2017 年都沒有崩盤）。

而在華爾街各投資銀行 90% 時間給出的建議都是持續看好、繼續買進、低點加碼，結果？（高點更高、低點更低）

債券天王 Bill Gross 因為他常發表一些受爭議的預測，而且最後都不甚正確，引起投資人反彈。結果？（最後被迫離開他自己所創辦的公司）。

而在 2014 年美國最大的加州退休基金，資金全數撤出避險基金，為什麼？最根本的原因就是因為高成本費用，與績效不好。還有一堆族繁不及備載就不再說了……。

美國經濟學家 John Kenneth Galbraith 說道：經濟展望預測唯一的目的，就是讓占星術看起來比較體面一點。

如果連這些專業的金融人士都無法精準的預測經濟動向，身為投資人的你，憑什麼有自信會覺得比他們更厲害？或是做出更準確的預測？還是為了讓大家知道你是厲害的大師或是有看法的人，然後假裝自己知道股市走向是可預測的？

　　最可怕的就是明明看不懂市場走勢，但是卻相信自己有能力預測，同時堅持認為不去猜測股市的下一步，就不算在投資。但其實真正有能力的投資人，會知道自己的能力範圍，不會對隨機漫步的股價進行預測。

　　很多人認為投資要花大量的時間認真研究，再買個幾支股票或是選個幾支基金當作是必勝的投資組合，然後跟隨著市場新聞與各經濟體發展，以及各種偽大師的預測，做出各種隨波逐流的進出場決定。

　　不過諷刺的是，有誰不知道每天市場新聞？有誰不知道油價現在高低？有誰不知道歐洲、日本會繼續 QE？有誰不知道美國會繼續升息？或是有誰不知道各種資產會出現跌深反轉的情況？（不過原則上這點大家都不知道）。你期望可以因為大家都知道的事情而創造好的投資績效？

　　更不用說在華爾街上班的金融家們，難道他們的消息會比你慢？還是用的超級電腦會比你慢？還是人脈沒你多？或是你自己也有一群經濟學家與數學家團隊？

　　如果你都沒有的話，很抱歉，以大數法則來說，你也只是市場的輸家之一，如果投資人沒有這種現實的體認的話，那麼我可以跟你說，你的災難才正要開始。

第二章

自己當大師還不簡單？看看新聞、報章、雜誌，做資產配置更是簡單，有誰不會？

　　在 2013 至 2015 年間你只要參與 Gopro、 Fitbit、ReWalk、Mobileye、或是 Ambarella 等公司 IPO，隨便都可以讓你賺好幾倍，的確是真的滿簡單的，不過現在事後看真的滿慘的，不過這時候專家一定會說你要守紀律！跌只是一時，等業績好起來就會又開始飆上去了 ，這些標的一直到現在（2017 年）都奇慘無比（除了 Mobileye 被 GOOGLE 併購以外）。

　　問題是如果一開始方向就不對，要守什麼紀律？太多人自以為可以預先知道哪個市場或是產業好，然後再來停損？或停利？我想很多人都太天真了，通常理專或大師都會要你看時機做轉換。不過說真的，你永遠不知道投資下去的市場或是標的是好是壞，到頭來誰得益？當然是基金公司，而那預測的大師會因為你賠錢還你錢嗎？別傻了！

如果投資人事先知道哪個市場好，那為什麼要停損？

　　沒有人會嫌錢賺得多的，如果預先知道哪個市場不好，一開始就不要投入了，幹嘛還要做停損？賠 10% 停損後，然後又投入下一個市場或產業 ，然後再來 10% 停損？ 一再重複，這就是很多人所說的「守紀律」， 永遠的守紀律停損，你還是賺不到錢。

　　也許你這幾年都持續獲利，不過你只是在玩零和遊戲，時間一久你還是會回歸平均數，這就是大數法則，投資人不可能持續做對，投資人浪費太多時間在找下一個標的與市場，然後做出各種無聊的預測。

如果大家可以，誰不想參與到下一個 Apple、Nike、Amazon、Berkshire、Starbucks、Microsoft 或是 Gilead 的成長？這些標的的確在過去這 20 年間表現的非常好，但是又如何？你敢再繼續投資他們 20 年嗎？下個 20 年你有把握找到同樣亮麗的標的？（如果你還是忍不住做各種預測與選股，建議這些預測不要超過你資產配置 3% ～ 5% 以上，而且以指數型投資為核心）。

投資人往往花大量時間研究，就是要找出下一個波克夏，或是聽信大師或報章新聞，說哪間公司未來「可能會表現不錯」，然後把大把大把錢投入，大家總是在追求熱門股票、熱門市場、產業、經濟體，投資人永遠低估自己風險容忍度，跟有著過度自信的典型投資錯誤，你確定你不會遇到下一個 Lehman Brothers、Enron 或是 GT Advanced？

William Bernstein 說的很好，人類是會尋找固定模式的靈長類動物，相對之下，幾乎所有金融市場中的訊號，都是隨機的雜訊，請不要再幻想並不存在的固定模式了。

何不承認自己無法預測市場，乖乖的投資全球、全產業

　　相對於拼命追逐熱鬧市場，有些人承認自己無法預測市場，他了解自己能力的極限，於是只是很規律的定期把錢投入像是 VTI（美國市場 ETF）、VGK（歐洲市場 ETF）、VPL（亞太市場 ETF）、VWO（新興市場）等 ETF 上，從 2006 至 2014 年，各投入 25% 的資金。

　　10 年以來美國地區報酬領先世界各地區，最差就屬亞太市場，只有 2.19%，VWO（新興市場）波動也大於其他市場，尤其是 2008 至 2009 年這 2 年波動非常大。

　　如果我們在這是 2006 年期初各投資 5,000 美元於 VTI、VGK、VPL、VWO 等 4 支 ETF。每年各定期增加 3,000 美元投資額，並進行再平衡的處理，至 2015 年的年化報酬為 4.46%，這期間經歷了 2008 年的全球股市大崩盤。

　　試想遇上歷史上有數的股災，仍可以維持接近 4.5% 的報酬率，這是相當不錯的成績。因為只是單純的把資金投資在全球市場，簡簡單單就可以讓你的資金的購買力持續增長（這段時間全球的通貨膨脹率低於 2%），何樂而不為？

　　特別要說明所謂的「再平衡」。如果你投資兩個 ETF，各投資 100 元。到第二年，其中之一增值為 110 元，另外一個增值為 102 元。那你將兩者重新布局，各投資 106 元，這樣的作法稱為再平衡。它會讓你賣掉高漲的資產，投入低價資產，避免漲多下挫的風險。

▼ 2007 年至 2017 年投資美國、歐洲、亞太、新興等區域 ETF 投資績效

	VTI	VGK	VPL	VWO
2007	5.56%	13.93%	4.85%	39.05%
2008	-36.97%	-44.66%	-34.24%	-52.77%
2009	28.82%	32.04%	21.25%	-76.28%
2010	17.26%	5.01%	15.91%	18.99%
2011	1.06%	-11.49%	-13.89%	-18.68%
2012	16.41%	21.01%	15.60%	18.84%
2013	33.51%	24.93%	17.55%	-5%
2014	12.56%	-6.56%	-4.58%	0.60%
2015	0.40%	-1.87%	2.43%	-15.35%
2016	12.68%	-0.59%	5.31%	11.75%
2017	6.8%	12.37%	9.93%	12.94%
十年標準差	15.77%	20.76%	16.97%	23.79%
十年總報酬	103.77%	7.98%	27.01%	27.74%
十年年化報酬	7.38%	0.77%	2.48%	2.48%

資料來源：美國晨星（Morning Star.com）

▼ 投資全球市場與投資美國市場報酬率比較

	年化報酬	標準差	每年增加金額	期末金額
美國市場（SPY）	9.57%	15.23%	3000	64543
VTI+VGK+VPL+VWO	4.46%	18.72%	3000	48913

資料來源：美國晨星（Morning Star.com）

註：VTI、VGK、VPL、VWO 期初投資 5,000 美元，每年增加 3,000 美元。
同時每年將各投資標的的投資金額調整為一致（再平衡）。

第二章

投資組合，我們再把時間拉長至 20 年來看，20 年總報酬約 270%，20 年年化報酬約為 6.78%。

由於我們無法事先預知哪些股票或是哪個經濟體好，所以才要做全球化的資產配置，長期在不同的經濟體做分散投資，通常都會有不錯的成果。

你認為這樣的報酬率很差或是很一般，你想要有更好的報酬率？很抱歉，往往有這樣的想法，就是你開始殘害自身報酬的開始。

現實殘酷的是沒有想法的人，往往會比有想法的人擁有更好的投資報酬率。人們總是存在過度的自信，認為可以預測未來。不過事實上只是受外界環境影響，和大家一起追逐市場上的熱門商品，不過往往都事與願違，最後的結果是買在高點，或是變成最後一隻老鼠。

當自己的投資分散到全世界並把成本費用降到最低，你就已經註定和世界大多數人脫軌。因為你的朋友、家人或是「財經大師」，會開始在你耳邊吹噓他們的豐功偉業與戰果，你一定是那群特立獨行的其中之一，不過為了你自己年老的退休生活及想完成的夢想，還是堅定地保持自己的想法，千萬不要受看似很好的報酬誘惑，而把投資當投機，動不動就更換標的。

所以投資人如果想長期投資，在台灣買境外基金也不是好選擇，以境外基金成本 1.5% 來說，20 年下來，你的報酬率已經減少 26%。你原本估計 60 歲退休，不過在使用高成本投資工具下，你可能要再晚 10 年退休才能達到你理想中的養老金。

投資是靠資本累積慢慢成長的，投資的目的也是讓你達到財務自由，而不是讓你年老時窮困潦倒，投資務實一點，好好提高自己本業收入，努力跟提升自己能力，不用跟別人比無聊的報酬比賽，更不用去當一個好像什麼事都要有看法的預測大師。

為什麼是美股 ETF！而不是台灣發行的 ETF

台灣的元大台灣卓越 50（台股代號 0050），也是台灣人最愛的 ETF 標的。

由下表我們可以看到從 2002 至 2015 年間台灣卓越 50 投資報酬率，這 12 年間年化報酬約為 5.68%，而 3 年標準差為 10.89%，5 年期標準差為 12.13%。

▼ 2004 年至 2015 年元大台灣卓越 50 投資績效

2004	5.29%	2010	12.85%
2005	6.12%	2011	-15.79%
2006	20.57%	2012	12.42%
2007	11.16%	2013	11.59%
2008	-43.10%	2014	16.96%
2009	73.85%	2015	-6.06%
12 年總報酬	94.04%	12 年年化報酬	5.68%
費用率	0.42%	類型	大型均衡
平均每日量	5000 張以上	剩餘現金	0.49%
資產（億台幣）	670	3 年標準差	10.89%

資料來源：0050 元大年報

接下來我們來看，同一時期投資在美國市場的 ETF 成績如何？

同樣以前述 VTI 來做比較。在 2004 至 2015 年這 12 年間，VTI 總報酬 106.33%，年化報酬率為 6.22%，VTI 勝出 0050 大約 0.54 個百分點，與台股報酬相差了約 10%。

投資美國市場不但報酬率較佳，也有著更健全的制度，相較之下身為台灣人投資台灣市場並沒有讓你佔到太多優勢，況且台灣只佔全世界 GDP 的 1%。

與台灣市場相比，美國市場顯然是更好的投資標的，不過如果你預計的投資的期間長達 30 至 40 年，那麼**盡量以全球為布局的方向**。這樣才能有效避免哪一個國家被邊緣化，或是某個產業變成黃昏產業的風險

▼ 2004 年至 2015 年 VTI 投資績效

績效	VTI	追蹤指數	VTI 落後指數
2004	12.57%	12.62%	0.05%
2005	6.10%	6.08%	0.02%
2006	15.66%	15.72%	-0.06%
2007	5.56%	5.59%	-0.03%
2008	-36.97%	-37.04%	0.07%
2009	28.82%	28.76%	0.06%
2010	17.26%	17.28%	-0.08%
2011	1.06%	1.08%	-0.02%
2012	16.41%	16.44%	-0.03%
2013	33.51%	33.51%	0%
2014	12.56%	12.58%	-0.02%
2015	0.40%	0.40%	0%
12 年總報酬	106.33%	106.34%	
12 年年化報酬	6.62%	6.22%	
費用	0.05%	類型	Large Blend
平均每日量	300 萬股	剩餘現金	0.05%
資產（億美元）	640	3 年標準差	11.27%

資料來源：美國晨星（Morning Star.com）

💲 波動大就是波動大，不代表一定賺的多

我大力的推薦布局全球的投資方法！有人會說，全球布局波動太小（風險低）於是沒有高報酬！這個觀念是個誤解，波動大就是波動大，可沒有承受高波動就一定有高報酬的說法。

因此如果你投資新興國家這樣的資產，大家知道他的波動大風險高，正確的意思是什麼？不是你一定可以因為承受高風險而有高報酬，它的意思是，你可能大賺，也有可能大賠，大家千萬不要會錯意了。

進一步來說，我們來看看如果你遇上大賠後，要大賺多少才能補足損失呢？下表可以供大家參考。如果一個資產下跌 15%，那麼他需要 18% 的正報酬來打平；下跌了 30% 則需 43% 的正報酬打平，如果資產下跌 50%，那麼等於說你要用 100% 的正報酬才能打平。

▼ 當產生大幅負報酬時，隨著幅度增加，
　打平所需求的正報酬增加更鉅

負報酬	打平所需報酬	負報酬	打平所需報酬
-5%	5%	-55%	122%
-10%	11%	-60%	150%
-15%	18%	-65%	186%
-20%	25%	-70%	233%
-25%	33%	-75%	300%
-30%	43%	-80%	400%
-35%	54%	-85%	567%
-40%	67%	-90%	900%
-45%	82%	-95%	1900%
-50%	100%		

資料來源：作者整理

接下來我們用實際的例子來檢視風險與獲利的關係。下表為 2006 至 2016 年約 11 年間美國股市、歐洲股市、亞太股市、新興市場、年化報酬率與標準差等資料。

▼ 2006 年至 2016 年全球主要市場投資報酬相關資料

	美國市場	歐洲市場	亞太市場	新興市場
2006	15.51%	33.42%	11.99%	29.39%
2007	5.49%	13.82%	4.78%	38.90%
2008	-37.04%	-44.73%	4.78%	-52.81%
2009	28.70%	31.91%	21.18%	75.98%
2010	19.09%	4.91%	15.77%	18.86%
2011	0.96%	-11.60%	-14%	-18.78%
2012	16.25%	20.80%	15.49%	18.64%
2013	33.35%	24.70%	17.36%	-5.19%
2014	12.43%	-6.67%	-4.39%	0.42%
2015	0.29%	-2%	2.24%	-15.47%
2016	5.72%	-3.07%	7.10%	16.82%
投入美元的結果	2.16 元	1.37 元	1.31 元	1.61 元
標準差	15.44%	20.53%	16.78%	23.99%
年化報酬率	7.35%	2.96%	2.56%	1.61%

資料來源：Vanguard Total Stock Market Index Fund（VTSMX）1993+

在 2008 年，這一年新興市場為虧損幅度達 52.81%，代表他隔年需要 100% 以上報酬，才可以打平。雖然新興市場隔年有 75.98% 的報酬，但是還不足以將報酬打平，相較其他資產，新興市場 2008 年股災是受傷最嚴重的區域。

在 2011 年至 2015 年，新興市場的投資報酬都落後其他 3 個市場。在這段時間，很多投資專家會以跌深反彈的理由叫投資人加

碼，而在 2012 年及 2016 年新興市場確實都有反彈，但是「長期時間下來總體投資人的資產根本沒有增加多少」，因為他每次反彈的幅度遠不及於下跌的幅度，也許有些投資人在中間有吃到一點甜頭，但是萬一連續 2 年下跌或是 3 年下跌呢？

「有些人更甚至說下跌前就跑了啊，而在上漲之初我早已經布局好了」，我只能說真的那麼厲害，你沒去華爾街上班或是獲得經濟學諾貝爾獎與當占卜士真的是太可惜了。

我們來看更久的歷史資料，下圖為 1995 年至 2016 年美國股市、歐洲股市、亞太股市、新興市場、年化報酬率與標準差等資料。

▼ 全球主要市場 1995 年至 2016 年投資報酬概況

	美國市場	歐洲市場	亞太市場	新興市場
1995	35.79%	22.28%	2.75%	0.56%
1996	20.96%	21.25%	-7.82%	15.83%
1997	30.99%	24.23%	-25.67%	-16.82%
1998	23.26%	28.86%	2.41%	-18.12%
1999	23.81%	16.66%	57.05%	61.57%
2000	-10.57%	-8.21%	-25.74%	-27.56%
2001	-10.97%	-20.30%	-26.34%	-2.88%
2002	-20.96	-17.95	-9.32	-7.43
2003	31.35%	38.70%	38.42%	57.65%
2004	12.52%	20.86%	18.83%	26.12%
2005	5.98%	9.26%	22.59%	32.05%
2006	15.51%	33.42%	11.99%	29.39%
2007	5.49%	13.82%	4.78%	38.90%
2008	-37.04%	-44.73%	-34.36%	-52.81%
2009	28.70%	31.91%	21.18%	75.98%
2010	19.09%	4.91%	15.77%	18.86%
2011	0.96%	-11.60%	-14%	-18.78%
2012	16.25%	20.80%	15.49%	18.64%
2013	33.35%	24.70%	17.36%	-5.19%
2014	12.43%	-6.67%	-4.39%	0.42%
2015	0.29%	-2%	2.24%	-15.47%
2016	5.72%	-3.07%	7.10%	16.82%
1 美元成長	6.98 元	4.17 元	1.49 元	3.52 元
標準差	15.46%	18.13%	17.72%	24.09%
年化報酬率	9.31%	6.76%	1.84%	5.94%

資料來源：Vanguard Total Stock Market Index Fund（VTSMX）1993+

這 22 年來亞太市場敬陪末座，成熟已開發國家表現最好，其中有很大的原因就在他們沒有漲很多，但是也不會跌很多，相較之下能夠更穩定的走下去。**投資是場馬拉松，看的是長期投資，不是只看短期投資就能夠決勝負**，投資人投資時最好要有這樣的體悟。

希望以後有人告訴你承擔高風險才能享受高報酬，你一定要記得以上內容，體認到高風險就是高風險，而不是高獲利的保證。而投資波動率大的地區，如新興國家和投資波動極小的全球市場（或是先進國家）的差別在於，前者可能會讓你輸到脫褲子，而後者幾乎保證會有相當的利潤。如果你投資的目標是為了 30 或 40 年後的退休準備，你要那一個？要自己想清楚。

用美股 ETF 布局全球市場的作法

看了以上說明，也許你會誤以為新興市場不能投資，或是成熟國家市場是比較好的標的。不要誤會，我真正的意思是，你應利用美股 ETF 來布局全球，以「**全球化投資**」的概念來理財。也就是說你把你的資金，分成幾個部分，分別投資在全球的主要經濟體。

那如何決定投資各地區的比例呢？你可以依摩根士丹利資本國際公司（Morgan Stanley Capital International；MSCI）編製的 MSCI 全球指數來決定。如果 MSCI 全球指數中歐洲佔了 25%，那你就把資金的 25% 投入那個市場的 ETF。你可以稍微加重你看好的區域做投資，重壓某一個市場或是產業，實在是不怎麼聰明的做法。

如果你嫌麻煩呢？那其實也可以把資金平均分配到你的投資組合。如你投資美國、歐洲、亞太及新興市場，那你就各分配 25% 的資金就好了。

有個方法很簡單也很實際，那就是每個市場都參與，每個市場你都分配 25%，並且每年再平衡，這 1995 年至 2016 年結果如下。簡單的方法績效很差嗎？如果你用上述方法投資美國、歐洲、亞太及新興市場，而且每年再平衡一次，那麼 22 年下來的投資成果如下，你的資產成長 4 倍。

6.6％的年化報酬為，而標準差也是位於中間值，是個不好也不壞的投資結果，你絕對不會是最好，但也絕對不會血本無歸。「投資還是少點浪漫，多點實際比較重要」。

▼ 把資金平均分配投資於美國、歐洲、亞太及新興市場，
　每年再平衡，近 22 年的投資績效

年化報酬率	標準差	投資一美元期末結果
6.60%	17%	4.04 元

資料來源：作者整理

很多投資人都會把「大部分」資金押注在自己看好的國家或是產業上，但是這種方法並不是一個好的決定，**因為單一國家或是單一產業發生衰退的機會太高。**投資績效會像坐雲霄飛車一樣，帶給投資人較大波動，甚至還會嚴重虧損。

但是如果投資人風險分散到全世界市場及產業上，**那麼即使其中有任何一個國家或產業因為戰爭而消失或是產業泡沫化，那麼都對你的投資組合影響非常有限**，這也就是為什麼要投資全球，而不要押單一國家及產業，就算是美國那麼大的國家也不可以單押。

▼ 美國股市占全球比重日低,不宜單一投資

美國股市市值與全球股票市值比重

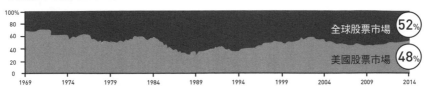

各產業美國股市市值與全球比較

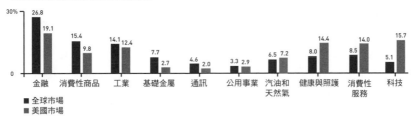

■ 全球市場
■ 美國市場

資料來源:Vanguard

　　美國股市市值在 1969 年約佔全球市場 62%,到 2014 年降至
48%。由產業分布來看,美國集中於科技、零售業、醫療、石油
等 4 個產業。

　　由以上資料來看,投資全球比起單一投資美國,更可以達到
風險分散的效果。畢竟如果你無法判斷美國的核心產業能否長期
領頭,全部都持有?

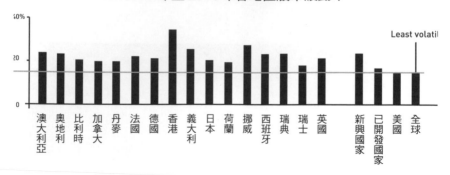

▼ 1970 年至 2014 年各地區股市波動率

資料來源：Vanguard

　　對投資人而言，美國還是主要投資市場，1970 年至 2014 年美國股市波動率約 17%，其他國家波動率來講都明顯高過於美國，但是如果你是投資於全世界資產，那麼波動率也是大約 17% 左右，可以明顯將波動降低，有利投資人遇到市況低迷時還可以撐下去。

　　從 1972 至 2015 年這 44 年間，美國股市年化報酬約為 10.15%，而國際股市約 9.73%，雖然略遜於美國股市，但這已經是有效的風險分散的報酬結果。

　　所謂的不要把「雞蛋放在同一個籃子」裡，是指不要放在某一個國家或是某一產業上，或是幾支股票上。而是要同時投資不同的資產類別或國家。有人認為同時買蘋果與微軟就叫分散，但他們都是科技類股，這種「分散」只會讓投資人曝露在更大的風險上。

💲 ETF 越來越紅，但是小心買到誘使你不斷交易的「假」ETF

首先我們感謝想要從金融市場打敗金融市場的人，如果沒有他們的幫忙，我想 ETF 這種單純又無趣的東西不會成功，更不會如同照妖鏡般的把事情分的那麼一體兩面，我們更感謝，那些只想從不斷發行變形 ETF 獲取暴利手續費的發行商，更讓我們堅定傳統指數化投資所帶來的好處，並且執行到底。

華爾街日報發表了一篇文章，名為《Vanguard 首次管理資產達到四萬億美元》（http://www.marketwatch.com/story/vanguard-assets-top-4-trillion-mark-for-first-time-2017-02-12）中提到就在 2017 年 1 月底 Vanguard 從成立以來首次突破管理 4 萬億美元。光是在 2016 年流入共同基金及交易所買賣基金約有 5,330 億美元，但是其中有高達 54% 約 2,890 億是流入 Vanguard 所管理的資產，而 2016 年更是主動型基金發行量最少的一年，但是也是最多主動式基金遭到清算的一年。

這其中有 2 個問題很值得探討

第一、為什麼都是流向 Vanguard ？

第二、為什麼 ETF 可以吸引那麼多人投入？

近年來我只看到很多台灣金融業者很黑心的不斷發行槓桿型 ETF 給不懂的投資人，讓他們以為只要是 ETF 就是好的投資工具，而促使他們不斷交易，賺取其中費用，完全沒有看到如 Vanguard 這種為投資人著想及友善的業者。

這些國內的金融業者也只是想從 ETF 題材熱搭便車賺錢罷了，當然國人就是偏愛快速致富的感覺，他們看不起一年 3 ～ 7% 的報酬，更有不少人過去僥倖由股市獲利，一時的好運會持續下去。

　　全世界都懂 ETF 的使用率有多普遍，但就是台灣人就是不願意懂，更不願意了解，全世界的人更知道為什麼長期投資要選 ETF 這種投資工具，但是台灣人還停留在當然要自己選高費用的主動型基金，然後還一窩瘋蜂的探討升息要買什麼基金與未來什麼產業基金會比較好，就是這種原始人的投資心態，造成台灣金融生態遠遠落後其他國家。

▼ 全球 ETF 成長概況

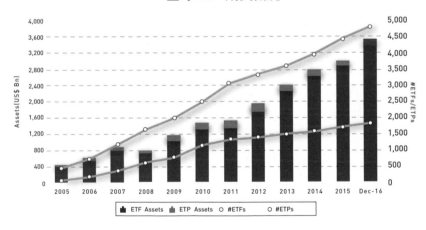

資料來源：ETFGI.com

　　截至 2016 年 12 月 ETF 全球資產約 3.3 兆美元，一直不斷成長，表示 ETF 這投資工具在世界越來越多人使用，當然這樣的成長性又會讓很多人擔憂，萬一大家都在使用 ETF，會不會 ETF 就失去他原本的優勢了？

我只能說想太多了，ETF 結構如今已抵擋住了多次的市場動盪，並未造成系統性問題，況且在整個投資世界 ETF 的規模還不到 5%，在每天還是有大概 90% 以上的人在想如何打敗大盤，每一年要賺個 10 ～ 20% 的報酬，這些不切實際的人會一直存在，也不會消失。

所以說真的，我們要好好感謝這些想要從金融市場打敗金融市場的人，沒有他們的幫忙，我們就不會那麼順利投資。

我們敬那些想要從金融市場打敗金融市場的人。

💲 投資美股 ETF，你一定要了解的幾種基準指數

何謂 MSCI 全球指數？

MSCI 全球指數，是指由摩根士丹利資本國際公司（Morgan Stanley Capital International）編製的股價指數，全球有超過 80% 的基金經理人以 MSCI 編列的全球指數，作為資金配置與避險策略的參考指標，有 2,000 多家國際機構投資者採用 MSCI 指數作為基準。

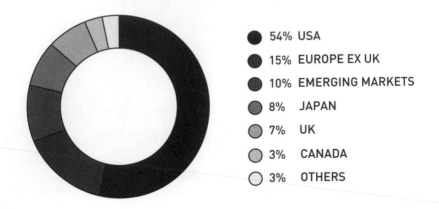

▼ MSCI 全球指數國家比重：

- ● 54% USA
- ● 15% EUROPE EX UK
- ● 10% EMERGING MARKETS
- ● 8% JAPAN
- ● 7% UK
- ● 3% CANADA
- ○ 3% OTHERS

資料來源：MSCI 官方網頁

　　目前 MSCI 世界國家比重美國為最高達到 54%，接下來就是歐洲（英國除外）15%、新興市場 10%、日本 8%、英國 7%、加拿大 3%、其他 3%。

　　摩根士丹利資本國際公司編製的指數眾多，統稱為 MSCI All Country World Index（MSCI ACWI），而其涵蓋內容見右圖。

▼ 摩根士丹利資本國際公司所有國家指數（MSCI ACWI）涵蓋內容

MSCI ACWI & FRONTIER MARKETS INDEX										
MSCI ACWI INDEX						MSCI EMERGING & FRONTIER MARKETS INDEX				
MSCI WORLD INDEX			MSCI EMERGING MARKETS INDEX			MSCI FRONTIER MARKETS INDEX				
DEVELOPED MARKETS			EMERGING MARKETS			FRONTIER MARKETS				
Americas	Europe & Middle East	Pacific	Americas	Europe, Middle East & Africa	Asia	Americas	Europe & CIS	Africa	Middle East	Asia
Canada United States	Austria Belgium Denmark Finland France Germany Ireland Israel Italy Netherlands Norway Portugal Spain Sweden Switzerland United Kingdom	Australia Hong Kong Japan New Zealand Singapore	Brazil Chile Colombia Mexico Peru	Czech Republic Egypt Greece Hungary Poland Qatar Russia South Africa Turkey United Arab Emirates	China India Indonesia Korea Malaysia Pakistan Philippines Taiwan Thailand	Argentina	Croatia Estonia Lithuania Kazakhstan Romania Serbia Slovenia	Kenya Mauritius Morocco Nigeria Tunisia WAEMU¹	Bahrain Jordan Kuwait Lebanon Oman	Bangladesh Sri Lanka Vietnam
			MSCI STANDALONE MARKET INDEXES³							
			Saudi Arabia	Jamaica Panama³ Trinidad & Tobago	Bosnia Herzegovina Bulgaria Ukraine		Botswana Ghana Zimbabwe	Palestine		

資料來源：MSCI 官方網頁

目前 MSCI 指數中**已開發市場**中主要有 3 大地區分別為北美、歐洲、亞太，共 23 個國家所組成，**MSCI 新興市場**一樣也有 23 個國家，而**前沿市場**有 27 個國家組成，而獨立市場部分則有 12 個國家組成。指數內容涵蓋了世界 89% 的資產。

在 MSCI 日益增強的影響力下，中國政府推行了一連串的市場改革措施，為的就是加入 MSCI 全球股票指數，**MSCI 已經成為全球屈指可數的幾家有能力影響中國政策決定的公司。**

MSCI 的決定舉足輕重，讓分析師及交易員預測何時證券會被納入、被除名，或關注指數權重變化，而 MSCI 採用的大部分標準是投資性指標，例如「市值和日成交量」等。

MSCI 會依照他們的標準來挑選其成分股，主要不是只有看個股績效，而是針對交易量、價格、及在外流通股數，及外資的

投資限制等等,所以通常成分股都是由具有穩健獲利與競爭力的大型績優股居多。

何謂標準普爾 500(S&P500)指數

標準普爾(Standard & Poor's)是世界權威金融分析機構,由 Henry Varnum Poor 於 1860 年創立。至 1957 年 Standard & Poor's 推出 S&P500 指數以來,市場上幾乎廣泛認同它就是美國的股市的代表,而全球以 S&P500 指數為基準的資產超過 7.8 萬億美元。

S&P500 指數的創始可以追溯到 1926 年,至今已有 90 多年歷史,但到 1957 年才成為嚴格意義上的指數。S&P 500 指數的成分股是由標準普爾指數委員會從各個重要的行業中遴選出來的最具實力的上市企業,這些上市公司在市場上的表現反映了當今美國經濟和整個市場的實際情況和走勢。

標準普爾 500 指數最初的成分股包含 425 種工業股票、15 種鐵路股票和 60 種公用事業股票組成,1976 年 7 月 1 日開始,成分股改由 400 種工業股票,20 種運輸業股票,40 種公用事業股票和 40 種金融業股票組成。

S&P500 的指數編制方法為流通量調整及市值加權指數,但僅包含公開上市的股票,指數的成分股按照市值加權,**要納入成為 S&P500 指數有幾個條件,首要條件就是為美國公司,及市值達到 53 億美元以上,已發行股票有 50% 以上在公開市場買賣,還有連續 4 季盈利。**

在覆蓋整個美國經濟 11 個行業中,又以科技業的 19.35%(2016

年 11 月 28 日截止）為最大，其次為金融業與健康醫療，主要公司規模以超大型股與大型股為最多。

其中 S&P500 市值分布以巨型股的 49.08% 為最大，其次以大型股 36.68%，中型股 14.13%、小型股 0.11%。（2016 年 11 月 30 日截止）

▼ 標準普爾 11 個行業比重

科技	19.35%	能源	7.20%
金融	14.83%	通訊	4.32%
醫療	14.11%	公共事業	3.38%
週期性消費	10.94%	原物料	2.72%
工業	10.69%	房地產	2.34%
必需消費品	10.12%		

資料來源：美國晨星

▼ 標準普爾前十大持股

公司	比重
Apple Inc	3.15%
Microsoft Corp	2.48%
Exxon Mobil Corp	1.88%
Johnson & Johnson	1.62%
Amazon.com Inc	1.58%
Berkshire Hathaway Inc B	1.56%
JPMorgan Chase & Co	1.48%
General Electric Co	1.47%
Facebook Inc A	1.47%
AT&T Inc	1.28%
前十大比重	17.97%

資料來源：美國晨星

▼ 標準普爾指數 1950-2016 年走勢圖

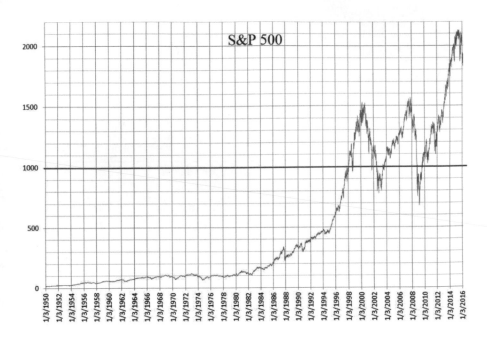

資料來源：Stock Chart

▼ 標準普爾 500 指數 1970 年至 2015 年投資報酬表現（一）

年份	指數報酬	1 美元成長	5 年回報	10 年回報	20 年回報
1970	0.10%	1.04			
1971	10.79%	1.19			
1972	15.63%	1.41			
1973	-17.37%	1.231			
1974	-29.72%	0.89	-2.35%		
1975	31.55%	1.22	3.21%		
1976	19.15%	1.51	4.87%		
1977	-11.50%	1.4	-0.21%		
1978	1.06%	1.49	4.32%		
1979	12.31%	1.77	14.76%	5.86%	
1980	25.77%	2.34	13.96%	8.45%	
1981	-9.73%	2.23	8.10%	6.47%	
1982	14.76%	2.71	14.09%	6.70%	
1983	17.27%	3.32	17.32%	10.63%	
1984	1.40%	3.52	14.81%	14.78%	
1985	26.33%	4.64	14.67%	14.32%	
1986	14.62%	5.51	19.87%	13.83%	
1987	2.03%	5.8	16.47%	15.27%	
1988	12.40%	6.76	15.31%	16.31%	
1989	27.25%	8.9	20.37%	17.55%	1.55%
1990	-6.56%	8.63	12.20%	13.93%	11.16%
1991	26.31%	11.26	15.36%	17.59%	11.90%
1992	4.46%	12.11	15.88%	16.17%	11.34%
1993	7.06%	13.33	14.55%	14.73%	12.76%
1994	-1.54%	13.51	8.70%	14.38%	14.58%
1995	34.11%	18.59	16.59%	14.88%	14.60%
1996	20.26%	22.86	15.22%	15.29%	14.56%
1997	31.01%	30.48	20.27%	18.05%	16.65%
1998	26.67%	39.19	24.06%	19.21%	17.75%
1999	19.53%	47.44	28.56%	18.21%	17.88%
2000	-10.14%	43.12	18.33%	17.46%	15.68%

▼ 標準普爾500指數1970年至2015年投資報酬表現（二）

年份	指數報酬	1美元成長	5年回報	10年回報	20年回報
2001	-13.04%	37.99	10.70%	12.94%	15.24%
2002	-23.37%	29.63	-0.59%	9.34%	12.71%
2003	26.38%	38.09	-57.00%	11.07%	12.98%
2004	8.99%	42.23	-2.30%	12.07%	13.22%
2005	3.00%	44.3	54.00%	9.07%	11.94%
2006	13.62%	51.3	6.19%	8.42%	11.80%
2007	3.53%	54.12	12.83%	5.91%	11.82%
2008	-38.49%	34.09	-2.19%	-1.38%	8.43%
2009	32.45%	43.11	42.00%	-9.5%	8.21%
2010	12.78%	49.61	2.29%	1.41%	9.14%
2011	-0%	50.65	-25.00%	2.92%	7.81%
2012	13.41%	58.76	1.66%	7.10%	8.22%
2013	29.60%	77.79	17.94%	7.40%	9.22%
2014	11.39%	88.43	15.45%	7.69%	9.95%
2015	-0.73%	89.65	12.56%	7.30%	8.18%
高	34.11%	89.65	28.56%	19.21%	17.88%
低	-38.49%	0.89	-2.35%	-1.38%	7.81%

資料來源：維基百科、作者整理

何謂羅素指數？

羅素指數可以細分為以下幾項：

羅素1000指數：是在羅素3000指數中市值最大的1,000家公司股票的加權平均數而制定。

羅素2000指數：羅素3000中，市值較小的2000支股票所組成，指數大約包含了羅素3000指數約10%的市場總值。

羅素3000指數：包含了美國前3000家最大市值的公司股票，並且是以平均加權的方法來編定的指數。

羅素指數因為以企業規模分類，常用於衡量美國大型股和小型股表現。**羅素指數以美國市場為主，而指數的條件不意外一定是必須是美國公司而其中又以羅素 2000 指數最廣為人知。**

追蹤羅素 2000 指數最有名的 ETF 為 iShares 所發行，股票代號為 IWM，基金規模約 360 億美元，已經成立了約 17 年。

▼ 2007 年以上 IWM 績效

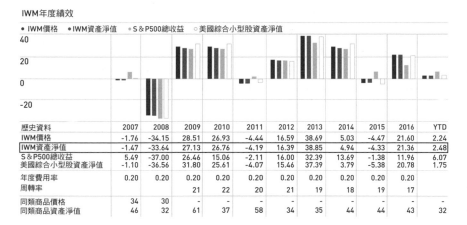

IWM年度績效

歷史資料	2007	2008	2009	2010	2011	2012	2013	2014	2015	2016	YTD
IWM價格	-1.76	-34.15	28.51	26.93	-4.44	16.59	38.69	5.03	-4.47	21.60	2.24
IWM資產淨值	-1.47	-33.64	27.13	26.76	-4.19	16.39	38.85	4.94	-4.33	21.36	2.48
S＆P500總收益	5.49	-37.00	26.46	15.06	-2.11	16.00	32.39	13.69	-1.38	11.96	6.07
美國綜合小型股資產淨值	-1.10	-36.56	31.80	25.61	-4.07	15.46	37.39	3.79	-5.38	20.78	1.75
年度費用率	0.20	0.20	0.20	0.20	0.20	0.20	0.20	0.20	0.20	0.20	
周轉率			21	22	20	21	19	18	19	17	
同類商品價格	34	30	-	-	-	-	-	-	-	-	-
同類商品資產淨值	46	32	61	37	58	34	35	44	44	43	32

資料來源：美國晨星

▼ 羅素 2000 走勢與長期績效（不含股息）

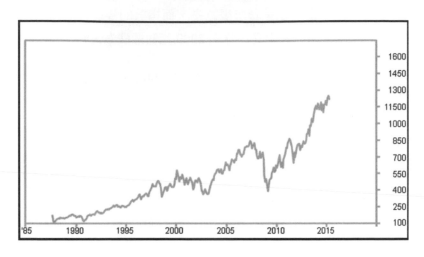

1988 年至 2014 年羅素 2000 各年投報率							
Year	**Percent**	**Year**	**Percent**	**Year**	**Percent**	**Year**	**Percent**
1988	22.4 %	1995	26.2 %	2002	-21.6 %	2009	25.2 %
1989	14.2 %	1996	14.8 %	2003	45.4 %	2010	25.3 %
1990	-21.5 %	1997	20.5 %	2004	17.0 %	2011	-5.5 %
1991	43.7 %	1998	-3.4 %	2005	3.3 %	2012	14.6 %
1992	16.4 %	1999	19.6 %	2006	17.0 %	2013	37.0 %
1993	17.0 %	2000	-4.2 %	2007	-2.7 %	2014	3.5 %
1994	-3.2 %	2001	1.0 %	2008	-34.8 %		

資料來源：維基百科

第二章

第三章
Chapter 3

徹底搞懂 ETF

第三章
Chapter 3

徹底搞懂 ETF

ETF 當紅，但是所謂的 ETF 其實有很大的差別，有些以 ETF 為名的商品，其實波動大，風險高，我可不建議一般的上班族去碰。本章讓你徹底的搞懂 ETF，也提出選擇 ETF 的十大準則。

💲 美股 ETF 主要發行商有哪些？

ETF （Exchange Traded Funds）又叫做交易所買賣基金。簡單來說，這種投資工具並不進行主動的選股。而是盡量讓持股與其投資的目標市場一致，如果目標市場是全美國股市，那麼他的持股結構就和全美股市一致，如果全美有 500 家公司上市，它就持有那 500 家的股票。如果蘋果佔美國股市市值 1%，那麼蘋果在該 ETF 的比重也佔 1%。因為它完全不用選股，只要很少的人員管理，因此費用很低。而報酬也會與其目標市場的報酬一致。

總而言之，ETF 的核心概念就是以低成本費用去盡量貼近市場指數的報酬（買一籃子股票，或整個產業的相關股票），ETF 走勢會跟目標市場的指數漲跌幾乎同步，每天股市開盤可以隨時交易，跟股票一樣，非常方便透明。

較常見海外 ETF 主要發行商或是品牌為 iShares、SPDR、Vanguard、Vanvck、Janus、PowerShares、Wisdon Tree 以及專門使用正向反向為主的 ProShares 等等。

但其中又以 iShares、SPDR、Vanguard、PowerShares，這 4 家 ETF 為國人最廣泛使用。而每一間基金資產管理公司旗下 ETF 又有各種類別：股票、區域、市場、國際 ETF、產業、房地產、或是商品與固定收益等資產類別，不同 ETF 有不同投資策略及目標。

▼ 2016 年 4 大 ETF 發行公司資料

	供應商	基金數量	資產（百萬美元）	市佔率（%）	October-16 NNA（百萬美元）	YTD-16NNA（百萬美元）
1	iShares	800	1,244,917	36.6%	7,744	96,177
2	Vanguard	140	609,038	18.1%	9,110	72,600
3	SPDR ETFs	273	484,575	14.4%	1,078	23,678
4	PowerShares	185	110,939	3.3%	2,524	5,777
5	DB/x-trackers	317	77,760	2.3%	（2,901）	（11,201）

資料來源：ETFGI.com

iShares 是市占率最高的 ETF 發行商（37%），所發行的 ETF 持有資產也是最大的。其次是 Vanguard，雖然旗下 ETF 種類是最少，但是資產還是佔了 19.1%，可見每一支 ETF 都吸引相當多投資人投資。第三大為 SPDR，最讓人印象深刻的就是追蹤 S&P 500 的 ETF，美股代號：SPY。

第二章

▼ 規模最大的前十支 ETF

ETF 代號	資產公司	資產規模（美元）	平均成交量
SPY	SPDR® S&P 500 ETF （SPDR 標普 500 指數 ETF）	212,013,824	94.168.711
IVV	iShares Core S&P 500 ETF （iShares 核心標普 500 指數 ETF）	90,682,080	4.072.479
VTI	Vanguard Total Stock Market ETF （Vanguard 整體股市 ETF）	70,107,072	2.612.257
EFA	iShares MSCI EAFE ETF （MSCI 歐澳遠東 ETF）	58,827,321	18.965.336
VOO	Vanguard S&P 500 ETF （Vanguard 標普 500 指數 ETF）	57,088,947	2.1332.472
VWO	Vanguard FTSE Emerging Markets ETF （Vanguard FTSE 新興市場 ETF）	44,522,704	16.070.615
AGG	iShares Core US Aggregate Bond ETF （美國核心綜合債券 ETF）	41,128,176	2.745.092
VEA	Vanguard FTSE Developed Markets ETF （Vanguard FTSE 成熟市場 ETF）	39,093,670	7.443.313
QQQ	PowerShares QQQ ETF （PowerShares 納斯達克 100 指數 ETF）	38,929,660	25.033.158
IWM	iShares 羅素 2000 ETF （iShares Russell 2000 ETF）	37,346,425	31.853.432

資料來源：美國晨星、作者整理

在 2017 年 5 月以前，全球資產規模最大的 ETF 是 SPDR 所發行的 ETF SPY，這也是 SPDR 唯一擠進前十大的 ETF。而 iShares 則有 IVV、EFA、AGG、IWM 等 4 支。Vanguard 也有 VTI、VOO、VWO、VEA 等 4 支上榜，PowerShares 只有 QQQ 擠進前十大。

而這前十大 ETF 中，追蹤 S&P500 指數的就有 3 支，分別為 SPY、IVV、VOO，相較之下 VTI 投資的廣度更大。

iShares

iShares 是全球最大的投資管理公司貝萊德美林（BlackRock）旗下的 ETF 商品品牌。iShares 於 1999 年於紐約證券交易所上市，原本屬於美林（Merrill Lynch）投資管理旗下。2000 年時，貝萊德在 ETF 市場發展方面做出了重要的戰略努力，推出了超過 40 個新基金，並在 2006 年 10 月與美林（Merrill Lynch）投資管理合併，而 iShares 也在 2009 年 12 月正式併入新公司。

在 2017 年 5 月為止，iShares 總共有 334 支 ETF，總資產約 9,200 億美元，而其中規模最大的就屬追蹤標普 500 的 ETF IVV。資產達到約 920 億美元，總體費用更是只有 0.04%，是所有追蹤標 500 指數的 ETF 中最便宜的。而 iShares 旗下基金平均總開支費用為 0.36%。

你可以在 iShares ETF 的網站（http://www.etf.com/channels/ishares-etfs）中找到所有 iShares 旗下的 ETF。進入上述網站，點選「FUND BASICS」，可以看到各 ETF 的總開支比率、總資產、平均折溢價（如果 ETF 之市價低於淨值，即 ETF 折價，反之即溢

價）及投資標的等基本資料。如果你想知道更詳盡的資料，可以查詢「CLASSIFICATION」欄目。

▼ iShares ETF 網站可以查詢到所有 ETF 的資訊

| FUND BASICS | PERFORMANCE | ANALYSIS | FUNDAMENTALS | **CLASSIFICATION** | TAX | ESG | ⚙ CUSTOM |

TICKER	FUND NAME	ASSET CLASS	STRATEGY	REGION	GEOGRAPHY	CATEGORY
IVV	iShares Core S&P 500 ETF	Equity	Vanilla	North America	U.S.	Size and Style
EFA	iShares MSCI EAFE ETF	Equity	Vanilla	Developed Markets	Developed Markets Ex-U.S.	Size and Style
AGG	iShares Core U.S. Aggregate Bond ETF	Fixed Income	Vanilla	North America	U.S.	Broad Market
IJH	iShares Core S&P Mid-Cap ETF	Equity	Vanilla	North America	U.S.	Size and Style
IWD	iShares Russell 1000 Value ETF	Equity	Value	North America	U.S.	Size and Style
IWF	iShares Russell 1000 Growth ETF	Equity	Growth	North America	U.S.	Size and Style
IWM	iShares Russell 2000 ETF	Equity	Vanilla	North America	U.S.	Size and Style
LQD	iShares iBoxx $ Investment Grade Corporate Bond ETF	Fixed Income	Vanilla	North America	U.S.	Corporate
EEM	iShares MSCI Emerging Markets ETF	Equity	Vanilla	Emerging Markets	Emerging Markets	Size and Style
IEMG	iShares Core MSCI Emerging Markets ETF	Equity	Vanilla	Emerging Markets	Emerging Markets	Size and Style
IJR	iShares Core S&P Small Cap ETF	Equity	Vanilla	North America	U.S.	Size and Style
IEFA	iShares Core MSCI EAFE ETF	Equity	Vanilla	Developed Markets	Developed Markets Ex-U.S.	Size and Style
TIP	iShares TIPS Bond ETF	Fixed Income	Vanilla	North America	U.S.	U.S. Government
IWB	iShares Russell 1000 ETF	Equity	Vanilla	North America	U.S.	Size and Style
IVW	iShares S&P 500 Growth ETF	Equity	Growth	North America	U.S.	Size and Style
PFF	iShares U.S. Preferred Stock ETF	Fixed Income	Vanilla	North America	U.S.	Corporate
HYG	iShares iBoxx $ High Yield Corporate Bond ETF	Fixed Income	Vanilla	North America	U.S.	Corporate
DVY	iShares Select Dividend ETF	Equity	Dividends	North America	U.S.	High Dividend Yield
EWJ	iShares MSCI Japan ETF	Equity	Vanilla	Asia-Pacific	Japan	Size and Style
IWR	iShares Russell Midcap ETF	Equity	Vanilla	North America	U.S.	Size and Style
USMV	iShares Edge MSCI Min Vol USA ETF	Equity	Low Volatility	North America	U.S.	Size and Style
IVE	iShares S&P 500 Value ETF	Equity	Value	North America	U.S.	Size and Style
EZU	iShares MSCI Eurozone ETF	Equity	Vanilla	Europe	Developed Europe	Size and Style
CSJ	iShares 1-3 Year Credit Bond ETF	Fixed Income	Vanilla	North America	U.S.	Corporate
EMB	iShares JP Morgan USD Emerging Markets Bond ETF	Fixed Income	Vanilla	Emerging Markets	Emerging Markets	Sovereign
SHY	iShares 1-3 Year Treasury Bond ETF	Fixed Income	Vanilla	North America	U.S.	U.S. Government
MBB	iShares MBS ETF	Fixed Income	Vanilla	North America	U.S.	U.S. Government
IWS	iShares Russell Mid-Cap Value ETF	Equity	Value	North America	U.S.	Size and Style
ITOT	iShares Core S&P Total U.S. Stock Market ETF	Equity	Vanilla	North America	U.S.	Size and Style
SCZ	iShares MSCI EAFE Small-Cap ETF	Equity	Vanilla	Developed Markets	Developed Markets Ex-U.S.	Size and Style
IWN	iShares Russell 2000 Value ETF	Equity	Value	North America	U.S.	Size and Style
IAU	iShares Gold Trust	Commodities	Vanilla	Global	Global	Precious Metals
MUB	iShares National Muni Bond ETF	Fixed Income	Vanilla	North America	U.S.	Municipals

資料來源：ETF.com

SPDR（Standard & Poor's Depositary Receipts）

SPDR 是由道富資產投資（SSGA）在 1978 年發行的 ETF 品牌，事實上 ETF 這項投資工具是就是由道富資產投資發明的。SPDR 旗下擁有 150 個 ETF 產品，ETF 規模約 5,000 億美元。

美國道富集團成立於 1792 年，是世界第三大資產管理公司，於 1993 年推出了追蹤標準普爾（S&P500）指數的 SPDR 產品。其中最廣為人知就是 SPY，SPY 資產約 2,200 億美元，也是全世界最大的 ETF，SPDR ETF 產品平均費用為 0.32%。

SPDR ETF 網站（http://www.etf.com/channels/spdr-etfs）

Vanguard

Vanguard 於 1974 年由 John Bogle 成立，現在管理全世界約 4 萬億美元的資產，為 1,000 多萬投資者提供服務。管理費用低廉與效率高一直是 Vanguard 的強項，Vanguard 在基金界裡已經是一個不可取代的公司了。

Vanguard 的公司結構很特別，基金的持有人實質上就是他的股東。但是一般的基金是由外部的管理公司所控制，而外部的管理公司則是由個人、合夥或者通過購買公司股票的投資者所持有的。所以 Vanguard 利潤基本上來說就是由基金的股東一起分享，對持有他們基金的人來說，實質上就是付出很低的成本。

而 Vanguard 的經營哲學就是股東至上，我自己投資他們的產品已經邁向第 6 年了，說真的，我非常非常滿意，因為他們從沒讓我失望過，每年幾乎都一直在調降費用，績效也都比同類型基

金更好，對於這間公司的誠信與操守，我可說是放了 120 個心，基本上你只要擁有過 Vanguard 就不會再買其他基金公司的基金了。

Vanguard ETF 網站：（http://www.etf.com/channels/vanguard-etfs）

🔍💲 不同銷售通路的成本比較

國人想買國外股票、基金、ETF 有幾種方式：

1、找銀行或保險業者
2、找券商複委託
3、自己在美國券商開戶
以上幾種方式最大的不同在於交易的成本

1. 向銀行購買的費用有：申購手續費 、轉換手續費、贖回手續費、信託管理費合計約 2% ～ 2.5%。
2. 向保險業者購買的費用有：申購手續費、經理費、保管費、管理費合計約 2.5 ～ 3%。
3. 券商複委託：抽取約 1% 手續費，最低為 38.95 美元。

以上都不含每年約 0.2% 的信託管理費。

自己在美國券商開戶，不限股數，每次 6.95 ～ 7 美元 ，有些券商甚至免手續費，更沒有信託管理費。

我們用實例，再看看用不同管道購買海外 ETF 所產生的費用差距有多大。

假設你以 10,000 美元購買以下 ETF：Health Care Select Sector SPDR Fund （代號 :XLV），是屬於追蹤 S&P Consumer Discretionary Select Sector Index 的 ETF，他每年內扣費用 0.15 %。在 2014 報酬率是 23.34 %。

我們看看在不同的通路購買一樣的商品，有什麼差異？

銀行相關費為 2.5%，減掉這 2.5%，故 1 萬美元剩下 9,750 美元，XLV 在 2014 年報酬為 23.34%，你投入 9,750 美元一年後累積為 12,025 美元。

保險業者相關費用 3%，減掉這 3%，故 1 萬美元剩下 9700 美元，你投入 9,700 美元一年後累積為 11,963 美元。

券商複委託最低手續費 38.95 美元，減掉這 38.95 美元剩下 9,961 元，一年下來本金與報酬合計為 12,285 美元。

如果你直接用網路向美國券商開戶，投資 XLV 那結果會如何？美國券商會向你收取 7 美元的手續費。因此你實際投入的資金為 9,993 美元，2014 年投資一整年下來，本利和為報酬為 12,325 美元。

利用不同的管道投資一樣的標的，最多差到 362 美元，其實很簡單，你只要會加減乘除，就可以很清楚中間的差別。

奇怪？不是都投資一樣標的嗎？那為什麼差那麼多？

看到這裡，大家有印象嗎？代號 XLV 這支 ETF 他每年內扣費用是 0.15 %，台灣業者只是負責銷售通路卻可以跟投資人拿到

2.5%～3%！以 0.15％來說來說就是 15 至 20 倍！你沒看錯就是 15 至 20 倍！

台灣金融保險業的通病，就是「高價的成本」，是投資人最大的敵人與致命傷。

還不算萬一今天報酬率變負的時候，你會賠更多錢，然後賺錢的時候還會少賺，原因就在於成本！他們才不管你賺錢還是賠錢，你都要付手續費。

通常投資 ETF 或是基金大家都是想要來做中長期投資，可是往往我們的銀行或是保險機構，不會明白的告訴投資人有多少相關的費用。

更甚至連公開說明書也沒有詳盡的列出費用支出，都是寫很多讓投資人看不懂的內容，就算你真的問了業者，他們也一定跟你說找好標的賺錢比較重要啦，都賺幾十趴了，手續費才 2% 至 3% 很少啦。

假如每年你投資 100 萬，不算報酬率的話，手續費每年算 2% 好了，第一年剩 98 萬可用於投資，20 年下來不管你賺還是賠，原本的 100 萬只剩下 66 萬，中間的 34 萬就是被金融業者賺走。如果省下這些手續費，經過 20 年的複利，可以讓你有更好的退休生活。

所以不要再說 1% 至 3% 很少了，只有不懂投資的人才會這樣說。

總之不管任何投資工具（基金、股票、ETF）的報酬率是多少，費用低的一定勝於費用高的。我們不知道世界經濟會如何變化，低成本是預測投資工具未來投資績效最可靠的指標，你節省的每一塊錢手續費和費用，都會變成你的利潤。

💲 幾個與成本及績效有關的名詞

追蹤誤差：

　　用來基金（主動型共同基金與 ETF）在一段時間內與所追蹤基準指數的報酬差異。ETF 基本上是複製指數的持股成分，因此通常誤差很小，主動型共同基金則要視操作績效而定。一般來說總開支費用大的基金，通常較難勝過追蹤指數基準報酬。

　　ETF 追蹤誤差定義是指，ETF 與所追蹤指數「年化報酬率」的表現差異。

　　而通常扣除 ETF 本身總開支費用後，追蹤誤差會是負數，其中會產生這些差異的原因大致如下：

1. ETF 的總開支比率，ETF 所追蹤基準指數不用扣除費用，但是 ETF 本身有費用。
2. ETF 本身流動性不佳，以新興市場的 ETF 來說，通常波動較大，也會導致追蹤誤差較大的現象發生。
3. ETF 所持有現金的影響。
4. 指數調整成分股需要交易費用。
5. 基金經理經驗與管理技巧，基金經理人要會擅長處理指數成分股變動及指數重整、基金現金流等問題。
6. ETF 所跟蹤指數變動及週轉率。
7. 取樣或是優化的方式。
8. 證券的借貸等等。

▼ VTI 近年追蹤誤差表

	VTI 績效	追蹤指數	VTI 落後指數
2002	-20.94%	-20.86%	0.08%
2003	31.43%	31.64%	0.21%
2004	12.57%	12.62%	0.05%
2005	6.10%	6.08%	0.02%
2006	15.66%	15.72%	-0.06%
2007	5.56%	5.59%	-0.03%
2008	-36.97%	-37.04%	0.07%
2009	28.82%	28.76%	0.06%
2010	17.26%	17.28%	-0.02%
2011	1.06%	1.08%	-0.02%
2012	16.41%	16.44%	-0.03%
2013	33.51%	33.51%	0%
2014	12.56%	12.58%	-0.02%
2015	0.40%	0.40%	0%
2016	12.68%	12.68%	0%

資料來源為 Vanguard .com

總開支費（Expenses）：

ETF 運作本身也需要一些經營成本，也需要付給指數管理公司指數授權費（特許權使用費）。而總開支費用占總資產的比重，就是總開支費率。

交易成本：

ETF 是如一般股票，在二級市場進行買賣。所以買進或是賣出 ETF 和買進或是賣出股票一樣，同樣也會有相關固定費用的產生，至於費用的高低當然還取決於投資人交易的券商。而如果是投資共同基金，交易成本通常還包括佣金、銷售費用等等。

現金與股息拖累：

大多數的 ETF 幾乎都是滿倉在投資。以 Vanguard VOO 來說現金比重 0.46%（2017 年 4 月 30 日），而元大 00646 標普 500ETF 現金比重為 5.33%，詳細資訊可以到元大 00646 標普 500ETF 公開說明書查詢。

當市場上漲時沒有被滿倉投資，報酬也會受到影響，而當市場下跌時，當然不會跌的那麼多，不過使用現金最有效率的方法就是被用在投資，而不是閒置它。

法規限制：

有些 ETF 如 SPDR 的 SPY 他是採用單位投資信託（UIT）結構，由於美國證券交易委員會（U.S. Securities and Exchange Commission；SEC）SEC 的規定，這些 ETF 不能立即將所得到的股息再次投到基金裡面，而這些股息只能被放到另一個現金帳戶裡「定期」的支付給股東，而這也會與現金拖累一樣，產生報酬拖累的情況。

匯率風險：

以非本國貨幣投資，一定會有匯率風險。如在 2015 年至 2017 年間投資以歐元計價的歐股基金，其間台幣由 37 兌 1 歐元，升值至 33 兌 1 歐元，就會抵消因為歐股上漲而帶來的績效。

ETF 也會產生一些隱藏的成本，如果基金公司預先宣布 ETF 會做指數成分調整，那麼其他基金經理人或是投資人就會趕在 ETF 供應商前面買入新被加入指數的證券或是放空被剔除的證券。

這些投機性的交易也會墊高了 ETF 交易的成本，這些成本也會影響你的投資績效。

買賣價差成本：

在買入或賣出 ETF 時，投資人可能會高於「市場」價買入，而賣出時則可能會以低於「市場」價賣出。

不過如果是以長期投資者來說，這方面對成本的影響幾乎微乎其微，大部分的情況買賣價差是相當小的，投資人要交易 ETF 也可以選擇用限價方式來進行，或是要找流通性較佳的 ETF 交易，可以避免價差很大的問題發生。

基金淨值折溢價波動性：

如果 ETF 之市價低於淨值，即為 ETF 折價，反之為溢價。

以 ETF 來說是由市場參與者藉著套利機制來進行申購與贖回，而通常折溢價不會是太嚴重的問題。

不過有些 ETF 在較長時間的確是存在折溢價較大的問題，不過投資人只要選擇規模較大且流通性不錯的 ETF，就可以避免產生較大的折溢價問題發生。

產品結構風險：

ETF 通常來說都是一籃子的證券，不過部分 ETF 也可能涉及期權合約或是其他衍生性產品，或是國人最愛的反向 2 倍放空、正向 2 倍，更甚至到 3 倍以上正反向。投資人在投資 ETF 時一定要了解你所買的標的為何，與自身風險承受度。

市場風險：

　　ETF 相關的資產可能受經濟周期，或是政治地緣關係等影響而變動。

🔍💲 ETF 的 3 種結構

　　ETF 原則上可以分為 3 種結構：

1. 單位投資信託結構（Unit Investment；Trust UIT）
2. 開放型結構 —— 受監管投資公司（Open-End Fund Regulated Investment Company；RIC）
3. 讓與信託 （Grantor Trust）

單位投資信託結構（UIT）

　　是依據 1940 年的「投資公司法」所產生的 ETF 形式，屬於被動式管理，這代表基金經理人不能自己選擇 UIT 的成分證券，經理人只能按照指數的成分複製 UIT 成份股。

　　最有名的例子就是道富資產管理公司發行：追蹤標準普爾 500 的 SPY；追蹤道瓊工業平均指數的 DIA（又稱鑽石基金）；PowerShares QQQ Trust 也稱為 Cubes，它們都是標準的 UIT 結構的 ETF。

　　以 SPY 來說，基金經理人不能在持股中剔除某支標準普爾 500 成分股，或是增加某支非標準普爾 500 成分股。

「投資公司法」同時也規定了組成 ETF 成分的限制。不能有超過 25% 資金投入在單一的「基金」上，或是集中在單一公司的資金不得超過總資金的 5%，也不能將 50% 的基金資產集中在一支「證券」上，基金對其單一公司的投資更不能持有10%以上普通股。

UIT 另一個重要結構規定是關於處理 ETF 成分股的股息。ETF 經理人不能將股息進行再投資以買入更多成分股，只能將股息存入一個無利息帳戶，按季支付給 ETF 投資的持有人。

不能將配息進行再投資而只能以現金形式保存，在股市上漲時這種結構會拖累指數的表現而造成追蹤誤差，也就所謂的「股息拖累」，相反的在股市下跌時會有保護的效果。

開放型結構－受監管投資公司
（Open-End Fund Regulated Investment Company ；RIC ）

RIC 結構最重要的特點，是 ETF 經理人可以根據 ETF 的投資目標調整持股，經理人可以不必買入所有的指數成分股。而是可以對指數成分股進行選擇，對投資組合進行優化。持有的證券可以是股票、債券、期貨、期權以及其他衍生商品。

這種結構也允許將配息進行再投資，當基金持有的成分證券配息後，可以用這些配息買入更多的證券，減少了在單位投資信託結構（UIT）的股息拖累現象。

這些配息也會按季付給投資者，以投資公司形式註冊的 ETF 公司，還可以把證券借出，這部分收入可以幫助 ETF 公司抵消部分管理成本，幫助基金有著更好的追蹤指數收益，而借券是 ETF 公司獲利頗不錯的業務之一。

以 RIC 註冊的 ETF 基金，也可以註冊為非分散化投資的基金，允許基金經理人將 50% 以上資金集中於某一領域，更可以將 25% 的資金押在單一證券上，只要所持有股份不超過該公司普通股 10% 就可以。

RIC 結構下的基金可以靈活選擇成分證券，這是 RIC 的優點，但也可能成為缺點，基金經理人透過自行選擇股票，來進行更好的追蹤指數任務，但他們的方法不一定能成功，基金經理人的決策可能使該基金與所追蹤的指數產生相當大的差異。

特別值得注意的是 Vanguard 旗下的 ETF。它們都採用很特別的 RIC 結構，以前的名稱是領航指數股票基金參與憑證（Vanguard Index Participation Equity Receipts；VIPER），**領航 ETF 並不是獨立存在的基金，而是領航開放式基金的一種股份類別，Vanguard 有給一般人投資的 Investor Shares 級別及專門給大筆或是長期投資人級別的 Admirl Share 級別，當然也有現在 ETF 的股別。**

這讓 ETF 這種類別的股份，可以在二級市場進行交易，ETF 隨時都有初級市場交易和次級市場交易同時存在，主要是由於 ETF 有獨特的「實物申購買回」機制，「實物申購買回」機制就是投資人透過經授權的證券商（參與證券商），以一籃子的股票和 ETF 的基金管理人，以對價的方式交換受益憑證，或反過來以持有的受益憑證對價交換取回一籃子股票，這就是 ETF 的初級市場交易。

但是一般投資人要投資 ETF 並不需要經過複雜的初級市場交易，只需要如同一般股票在集中交易市場的交易一樣，直接買賣 ETF 的受益憑證即可，這就是 ETF 的次級市場交易，提供一般投資人可以更方便投資 ETF。

這種做法可以避免讓原本開放式基金對於短期投資者的贖回與基金有異常交易量，而造成基金成本與追蹤指數有相當大的落差。

讓與信託（Grantor Trust）

讓與信託（Grantor Trust）源自於美國內地稅法（Internal Revenue Code），為一種固定投資信託型態，建立的投資信託，可以持有像是股票、債券、黃金、白銀等實物資產或產品期權等衍生品。

這種投資信託允許個人投資者享有投票權，或進行股份贖回，並且能夠以整數股交易股份，股息不會再投資到信託中，而是會立即發給股東。

著名的讓與信託結構 ETF，包括 iShares S&P GSCI Commodity-Indexed ETF 及道富資產管理公司發行的黃金指數 ETF。

iShares S&P GSCI Commodity-Indexed ETF（美股代號 GSG），追蹤 GSCI 指數。GSCI 包括以能源為主的 24 種商品，能源市場占 GSCI 超過 70% 的權重。GSG 投資於 GSCI 指數的交易所交易期貨合約，也被稱為 CERF。

道富資產管理公司發行的黃金指數 ETF（股票代號 GLD）。投資目標是反映黃金價格，它直接持有黃金實物而不是衍生品，World Gold Trust Services LLC 是該基金信託的發起人，紐約銀行是該信託的受託人，並且由美國道富全球市場（State Street Global Markets）代銷管理。

這種基金信託可以持有發行一籃子的黃金相關企業股票，並用以交換實體黃金，或是用實體黃金來贖回一籃子股份。交易商的套利交易機制可以使 GLD 股份的市場價格與黃金的內在價值保持一致。

🔍 ETF 有多好康，我們來比一比

誰的費用低廉？

　　我們先以美國市場 ETF 來與在台灣販售的「美國市場基金」來做比較，看了下表你不難明白，投資為何要首先先避開下表這些費用高的離譜的美國市場基金，費用最貴是美國鋒裕基金，總開支比率高達 2.99%，將近是 VTI 的 60 倍。

▼ 美國市場基金與 ETF 總開支比率的比較

	基金名稱	總開支比率
1	鋒裕基金 - 美國鋒裕基金	2.99%
2	駿利資產管理基金 - 英達美國重點基金	2.70%
3	施羅德環球基金系列 - 美國大型股	2.41%
4	瑞銀（盧森堡）美國精選股票基金	2.09%
5	瑞聯 UBAM 美國價值股票基金	2.06%
6	聯博 - 精選美國股票基金	2.02%
7	聯博 - 美國前瞻主題基金	1.99%
8	柏瑞環球基金 - 柏瑞美國股票基金	1.98%
9	資本集團美國成長及收益基金	1.98%
10	法儲銀漢瑞斯美國股票基金	1.95%
11	富達基金 - 美國多元基金	1.91%
12	摩根美國	1.90%
13	富達基金 - 美國基金	1.88%
14	美盛凱利價值基金 A 類股美元配息型	1.82%
15	VTI	0.05%

資料來源：台灣晨星、作者整理

　　接著我們來看看在台灣販售的全球股票基金與 ETF 的費用比較。我們採用的 ETF 是全世界股票 ETF （Vanguard Total World Stock；美股代號：VT），由下表可以看到費用最高的聯博全球基金約是 VT 的 18 倍。

	基金名稱	總開支比率
1	聯博 - 全球複合型股票基金 B 股	3.10%
2	貝萊德環球特別時機基金	3.10%
3	貝萊德環球動力股票基金	3.07%
4	MFS 全盛基金系列 -MFS 全盛全球研究基金	2.73%
5	德意志全球主題 NC	2.65%
6	施羅德環球基金系列 - 環球進取股票	2.41%
7	施羅德環球基金系列 - 環球計量優勢股票	2.41%
8	法儲銀漢瑞斯全球股票基金	2.15%
9	紐約梅隆環球股票基金	2.14%
10	法巴百利達優化波動全球股票基金	2.00%
11	宏利環球基金 - 環球股票基金	1.99%
12	瑞銀（盧森堡）策略基金 - 股票型	1.98%
13	柏瑞環球基金 - 柏瑞環球重點股票基金	1.95%
14	富達基金 - 全球實質資產基金	1.93%
15	VT	0.17%

資料來源：台灣晨星、作者整理

誰的報酬高？

下表看出費用最高的是美國鋒裕基金，5 年年化報酬是排在 21 名，而 VTI 是第 4 名。

VTI 在 10 年年化報酬拿到第一名，不過 VTI 很厲害嗎？其實不是，只是因為它很守本份的在追蹤 CRSP 美國整體市場指數，也很敬業的有著低投資成本，就那麼簡單，不是他表現太好而是其他各基金表現不好。

第三章

為什麼？因為基金經理人他們自有一套選股方式，雖然可以輕鬆找到應用在「過去」完美選股策略，不過卻沒有一個策略能夠應用在未來，而投資人一般也都高估自己，認為自己可以有擇時進出的神力，而不甘只有趨近於大盤的回報，而這樣長期下來你只是浪費時間在玩零和遊戲。

　　有多少專家與投資人整天守著財經頻道或是新聞，花大量時間努力在研究市場，或是猜測經濟未來走向？ 諷刺的是投資愈被動成績越好，而最好的方式就是當你已經忘記它的存在。

▼ 美國市場基金與 ETF 5 年年化報酬比較

	基金名稱	5 年年化報酬
1	富達基金 - 美國基金	15.06%
2	摩根美國	14.67%
3	宏利環球基金 - 美洲增長基金	14.21%
4	VTI	14.12%
5	柏瑞環球基金 - 柏瑞美國大型資本研究增值基金	13.87%
6	PIMCO 美國股票增益基金	13.76%
7	施羅德環球基金系列 - 美國大型股	13.56%
8	駿利資產管理基金 - 英達美國重點基金	13.09%
9	美盛凱利美國增值基金優類股	12.45%
10	聯博 - 美國前瞻主題基金	12.35%
11	富達基金 - 美國多元基金	12.05%
12	美盛凱利價值基金優類股美元累積型	11.78%
13	富蘭克林高成長基金	11.65%
14	法儲銀漢瑞斯美國股票基金	11.44%
15	柏瑞環球基金 - 柏瑞美國股票基金 A	11.24%
16	鋒裕基金 - 美國研究	10.88%
17	美盛凱利價值基金 A 類股美元累積型	10.71%
18	資本集團美國成長及收益基金（盧森堡）	10.70%
19	瑞聯 UBAM 美國價值股票基金	10.42%
20	瑞銀（盧森堡）美國精選股票基金	9.87%
21	鋒裕基金 - 美國鋒裕基金 A2	9.47%
22	瀚亞投資 -M&G 北美基金	8.51%
23	天達環球策略基金 - 美國股票基金	5.55%

資料來源：台灣晨星、作者整理

第三章

▼ 美國市場基金與 ETF 10 年年化報酬比較

	基金名稱	10 年年化報酬
1	VTI	7.75%
2	摩根美國	7.62%
3	施羅德環球基金系列 - 美國大型股	7.07%
4	富蘭克林高成長基金	6.84%
5	富達基金 - 美國基金	6.81%
6	柏瑞環球基金 - 柏瑞美國大型資本研究增值基金	6.70%
7	法儲銀漢瑞斯美國股票基金	6.66%
8	柏瑞環球基金 - 柏瑞美國股票基金 Y	6.07%
9	駿利資產管理基金 - 英達美國重點基金	6.04%
10	資本集團美國成長及收益基金（盧森堡）	5.98%
11	鋒裕基金 - 美國研究	5.89%
12	宏利環球基金 - 美洲增長基金	5.85%
13	富達基金 - 美國多元基金	5.31%
14	瀚亞投資 -M&G 北美基金	5.31%
15	柏瑞環球基金 - 柏瑞美國股票基金	5.23%
16	聯博 - 美國前瞻主題基金	5.03%
17	鋒裕基金 - 美國鋒裕基金	4.79%
18	瑞聯 UBAM 美國價值股票基金美元	3.43%
19	瑞銀（盧森堡）美國精選股票基金	2.96%
20	天達環球策略基金 - 美國股票基金	2.63%
21	美盛凱利價值基金 A 類股美元配息型	-0.34%

資料來源：台灣晨星、作者整理

在以全球為範圍的基金與 ETF 投資績效比較方面，由於 VT 成立時間還沒有 10 年，我們用 3 年跟 5 年績效來看，在這 3 年 VTI 在這 28 支基金中排名為 15，成績不好也不差。

如果把投資時間拉長至 5 年，VTI 進步了 6 名來到第 9 名。可以看到指數型 ETF 優勢會隨著時間增長慢慢顯現出來。而投資人根本不知道下個 3 年、5 年、10 年哪一檔基金會有好表現，雖然 VTI 還成立不到 10 年，不過我相信之後在 10 年年化的績效也可以打敗 7 成以上的基金。

原因很簡單，**那就是低成本費用會隨著時間而更有優勢，而基金經理人不可能一直打敗大盤。**

也許在未來有某支基金表現特別突出，不過基金績效越好代表基金也會吸引更多投資人把錢投入，而基金也會受到更多市場「衝擊成本」而開始表現不好，而這就是為什麼基金長時間很難打敗指數，而明星經理人往往都只有風光個幾年，之後就不見蹤影。

第三章

▼ 2014 年至 2017 年中 3 年年化報酬

	基金名稱	3 年年化報酬
1	富達基金 - 世界基金	13.93%
2	富蘭克林華美新世界股票基金	13.08%
3	聯博 - 全球複合型股票基金	12.67%
4	富達基金 - 國際基金	12.19%
5	天達環球策略基金 - 環球策略股票基金	11.59%
6	柏瑞環球基金 - 柏瑞環球重點股票基金	10.97%
7	法儲銀漢瑞斯全球股票基金	10.67%
8	摩根環球靈活策略股票	10.61%
9	瑞銀（盧森堡）策略基金	10.52%
10	首域環球傘型基金 - 盈信世界領先基金	10.15%
11	羅素全球股票基金	9.85%
12	宏利環球基金 - 環球股票基金	9.84%
13	施羅德環球基金系列 - 環球計量優勢股票	9.71%
14	紐約梅隆環球股票基金	9.66%
15	VT	9.62%
16	貝萊德環球動力股票基金	9.47%
17	施羅德環球基金系列 - 環球進取股票	9.26%
18	法巴百利達優化波動全球股票基金	8.83%
19	羅素多元資產 90 基金	8.70%
20	貝萊德環球特別時機基金	8.31%
21	富達基金 - 全球優勢產業基金	8.09%
22	MFS 全盛基金系列 -MFS 全盛全球研究基金	8.03%
23	木星全球管理基金	7.78%
24	瀚亞投資 -M&G 全球領導企業基金	7.43%
25	德意志全球主題	6.62%
26	GAM Star 環球股票基金	6.19%
27	安本環球 - 世界股票基金	1.66%

資料來源：台灣晨星、作者整理

	基金名稱	5 年年化報酬
1	天達環球策略基金 - 環球特許品牌基金	10.56%
2	富達基金 - 世界基金	10.48%
3	富達基金 - 國際基金	9.65%
4	天達環球策略基金 - 環球策略股票基金	9.23%
5	法巴百利達優化波動全球股票基金	8.92%
6	施羅德環球基金系列 - 環球計量優勢股票	8.57%
7	首域環球傘型基金 - 盈信世界領先基金	8.54%
8	宏利環球基金 - 環球股票基金	8.38%
9	VT	8.33%
10	聯博 - 全球複合型股票基金	8.20%
11	天達環球策略基金 - 環球動力基金	8.15%
12	瑞銀（盧森堡）策略基金 - 股票型	8.06%
13	摩根環球靈活策略股票	7.78%
14	富達基金 - 全球優勢產業基金	7.60%
15	柏瑞環球基金 - 柏瑞環球重點股票基金	7.40%
16	法儲銀漢瑞斯全球股票基金	7.35%
17	貝萊德環球動力股票基金	7.22%
18	羅素多元資產 90 基金	7.09%
19	羅素全球股票基金	7.02%
20	紐約梅隆環球股票基金	6.88%
21	MFS 全盛基金系列 -MFS 全盛全球研究基金	6.84%
22	木星全球管理基金	6.51%
23	施羅德環球基金系列 - 環球進取股票	6.42%
24	貝萊德環球特別時機基金	5.54%
25	GAM Star 環球股票基金累積單位	5.28%
26	瀚亞投資 -M&G 全球領導企業基金	5.25%
27	德意志全球主題	4.58%
28	安本環球 - 世界股票基金	3.99%

資料來源：台灣晨星、作者整理

第三章

台灣的金融商品對投資人並不友善！同樣是主動型的基金，Vanguard 有一支股票代號為 VHGEX （國外人士無法購買）基金，是全世界型股票基金，我們不妨拿它來和其他台灣銷售的世界股票基金來做個比較。VHGEX 總費用開支率為 0.61%，持有世界 802 支股票。

▼ 2005 年至 2016 年年化報酬率前 10 名的共同基金

	基金名稱	10 年年化報酬
1	木星全球管理基金	5.97%
2	富達基金 - 世界基金	5.39%
3	施羅德環球基金系列 - 環球進取股票	5.33%
4	VHGEX	5.26%
5	天達環球策略基金 - 環球動力基金	4.93%
6	天達環球策略基金 - 環球策略股票基金	4.82%
7	富達基金 - 國際基金	4.71%
8	法儲銀漢瑞斯全球股票基金	4.61%
9	MFS 全盛基金系列 -MFS 全盛全球研究基金	4,51%
10	首域環球傘型基金 - 盈信世界領先基金	4.47%

資料來源：台灣晨星、作者整理

　　VHGEX 在這些主動型基金中排名成績不錯，排名在第 4 名，而費用卻只有 0.61%，跟台灣人愛的基金費用天差地遠，而這些費用高的基金績效也只能算普通而已。

　　所以不管是主動型基金或是 ETF，投資人如果知道這些投資工具比較後，還會再買台灣賣的境外基金嗎？

也許每個人選擇不同，但是投資人最在意的東西不外乎就是成本費用與基金績效表現如何，那為什麼還要用次等的投資工具來做投資？

　　很多人也都認為投資要有所行動，要跟上世界經濟數據來做波段操作進出場，對於美國的加息也要有所應對方式，不過猜測市場或是預測市場的人往往績效都不怎麼好。

　　William Bernstein 提到：談及基金經理人與市場策略大師時，今年的英雄往往會變成明年的狗熊。

ETF 的分類

　　美股 ETF 類型大致分為幾種類型 ：

1. 股票形式的 ETF：全球或是各區域，如新興歐洲、亞洲、北美等等。
2. 商品的 ETF：貴金屬、原油、農產品等等。
3. 產業類別的 ETF：消費、金融、醫療、公用事業、營造、航運、能源等等。
4. 債券 ETF：又分為公債、投資級公司債券、高收益債券等等。
5. 貨幣 ETF：單一貨幣或是一籃子貨幣等等。
6. 不動產投資信託：

   REITs 是 Real Estate Investment Trust 的縮寫，中文又稱為不動產投資信託，主要又分為 3 大類，股票、房地產抵押貸款、與兩者混合在一起。

美國國會在 1960 年通過法律,讓 REITs 得以創立,藉由不動產的證券化,讓沒有那麼大本金的投資人也可以參與不動產市場,投資人無需實質持有不動產就可以在證券市場上進行交易,非常的方便。

REITs 主要收入為不動產租金,股息收益較穩定,一般配息也會來得較高,以 Vanguard 發行的 VNQ 來說,2016 年至 2017 年中月配息高達 4.32%,而 REITs 也可以說是另一種有效對抗通膨的資產,幾乎所有商業租賃契約都有防通貨膨脹的條款,租金會隨著高通膨而增加,也有很多投資人會利用 REITs 的特性來做為生活中固定現金流的收入。

下圖是 REITs 與美國股市由 1971 至 2015 年報酬比較,過去這 45 年以來 REITs 報酬贏過美國股市。由圖可以看到 REITs 只有在 1998 年至 2001 年間輸美國市場。1972 年期初投資 1,000 美元到 2015 年期末會成長到 135,977 美元,相當於年化報酬 11.81%,非常驚人。

▼ 1971 年至 2015 年投入 1,000 美元 REITs 與美國股市之報酬比較

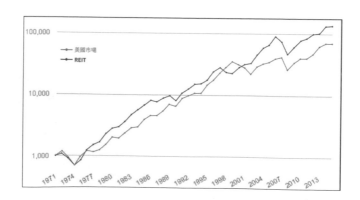

▼ 1972 年至 2015 年 REITs 與美國股市相關系數

REIT 美國市場 相關性	1972-1982	1983-1993	1994-2004	2005-2015
	0.79%	0.70%	0.12%	0.73%

▼ 1972 年至 2015 年 REITs 與美國股市年度報酬

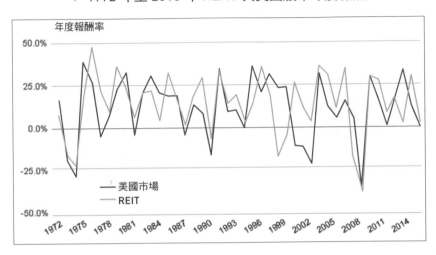

資料來源：作者整理

　　雖然在投資組合內增加不同資產類別可以有效降低整體風險，但是 RTITs 基本上與美國股市有著高度相關的關係，除了 1994 年至 2004 年相關性只有 0.12%，其餘時間都有 0.70% 以上的相關性，投資人應該把 REITs 視為風險較高的資產類別。

　　基本上 REITs 屬於波動較大的資產類別，與股市有著極為相關的連動性，漲跌幾乎都是同步，要投資這類資產的投資人要特別注意這一點。也許 REITs 可以帶給投資人高報酬，但是他的波動也是與股票市場不相上下，REITs 最大漲幅的一年是在 1976 年的 47.2%，最大的跌幅是 2008 年的是 -37.05%。

7. 美國抗通膨公債（TIPS）：

　　美國抗通膨公債（Treasury Inflation-Protected Securities；TIPS）隨著通貨膨脹的增加，定期的調整債券本金。可以保護投資人不受到通膨的傷害，但如果通膨低於預期，TIPS 表現則可能會不及公債，TIPS 於每 6 個月固定配息一次。

　　美國財政部於 1997 年 1 月 15 日第一次發行由政府提供擔保的通膨連動債券，發行年限有 10 年、20 年、30 年，**這種特別的債券當持有人在領取票息及本金時，在購買力部分不會遭到損失，TIPS 利率都是實質利率，也就是已經扣除通膨的利率了。**

　　下圖是美國抗通膨公債從 1997 年至 2015 年年度報酬，19 年間只有 2008、2013、2015 年間為負報酬。從這點來說，這個資產類別表現算是不錯，前述 19 年間，年化報酬為 5.35%，而標準差為 6.04%。

▼ 美國抗通膨公債 1997 年至 2015 年度報酬

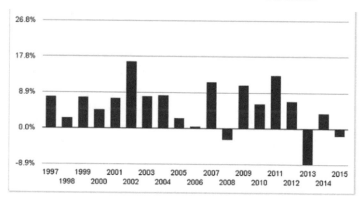

資料來源：Vanguard Inflation-Protected Security Fund （VIPSX） 2001+

傳統國債收益率已經低於預期通貨膨脹，相較之下 TIPS 可以提供更好的實質回報率，可以對意外的通膨產生保障，若遇到通膨，到期本金會調高，通縮則是領到利息變少。

　　而短期 TIPS 對利率敏感度又較低，短期 TIPS 又比長期 TIPS 更可以給投資人帶來保護，而交易所買賣交易基金 TIPS（Treasury Inflation Protected Securities）大致可分為 3 種到期天數，分別為 5 年、10 年及 20 年。

▼ 1997-2016 年美國通膨、抗通膨公債報酬

年份	通貨膨脹	抗通膨公債報酬
1997	1.7%	7.78%
1998	1.61%	2.90%
1999	2.68%	7.68%
2000	2.39%	4.59%
2001	1.55%	7.40%
2002	2.38%	16.64%
2003	1.88%	8.00%
2004	3.26%	8.27%
2005	3.42%	2.59%
2006	2.54%	43%
2007	4.08%	11.59%
2008	9.00%	-2.85%
2009	2.72%	10.80%
2010	1.50%	6.17%
2011	2.96%	13.24%
2012	1.74%	6.77%
2013	1.50%	-8.92%
2014	0.76%	3.83%
2015	0.73%	1.83%
2016	1.26%	4.52%

資料來源：作者整理

第三章

抗通膨債券會定期依照通膨上漲幅度來補償投資人，假設現在政府 10 年公債殖利率為 1.63%，而 TIP 10 年殖利率為 0.63%，兩者殖利率相差 1%，這 1% 就是債券市場反應的預期通膨，而 TIPS 會隨著 CPI 而做調整。

建議投資人還是以大範圍市場地區為你的核心投資，如果投資人有針對看好的產業或是個股，可以斟酌投資比例。

💲 想要投資 ETF 常會遇到的問題

ETF 會不會倒閉？

ETF 的確是有可能遭到清算，就算萬一發生清算一事，其餘的價值還是會還給投資人，投資人並不用擔心整個資產消失，只是投資人後續比較麻煩要轉換其他標的，但是這些風險是投資人可以控制的，只要不要買基金資產規模太小及交易量不高的 ETF，或是產業太過於細分，清算這件事都是可以避免掉的。

假如發行商發生信用危機，也不會影響到其發行 ETF，它的相關資產，如股票或是現金等等，是獨立信託保管在第三方銀行。

要從哪裡買 ETF ？

可以透過台灣的銀行進行複委託，但是最明顯的缺點是長期下來成本較高，而自行透過美國券商開戶，成本低廉，是更好的選擇。

錢匯到海外保險嗎？

很多投資人一直有疑慮關於把錢匯到國外的問題，其實每家合格的券商（經過 SEC 的認可）對於投資人帳戶都有提供保險。

美國證券投資人保護組織（SIPC）在券商倒閉或是破產時，對每個帳戶最少都有 500,000 美元的帳戶保險。所以投資人可以很放心的操作，只要跨出這步，就會了解台灣金融服務業的水準有多麼落後及相對於服務不成比例的收費水準。（帳戶保險說明可以見相關連結：https://www.firstrade.com/content/zh-tw/accounts/accountprotection/）

要英文很好才能投資 ETF？

針對這問題，不少美國券商已經都有中文化服務，對不熟悉英文的投資人非常的友善。而相關的開戶流程也非常簡單，如遇到緊急事件或是各方面疑問，這些券商也都有通中文的人員可以提供完整的協助，投資人不用太害怕這方面事宜。

如何檢視自己的資產？

美國券商均有線上服務系統，如想要了解即時報價都可以透過券商本身系統及手機 APP 程式，相當方便。如有需要將錢匯回台灣，大部分都是今天寫出匯款單，隔天就可以收到由美國匯回的款項。

既然這麼穩定台灣為何不推廣美股 ETF？

台灣有推廣，只是他們更愛投資人投資基金或是槓桿型

ETF，因為你不斷的頻繁短線交易，業者才有利可圖。更不用說積極轉換標的的成本費用龐大，對業者極為有利。業者基於這些理由，他們絕不會跟你說有美股 ETF 這種那麼好用的工具，更不用說海外投資相關事宜。

要持有多久時間？

其實投資 ETF 最好要長期投資，不要短進短出，而且最好的做法是一路存到退休都不要中斷，在長期持有情況下，通常都可以帶給投資人不錯的報酬，而建議投資週期至少都要持有 5 年以上。

如果用美元操作是不是要考慮匯率？

如果你是以長期角度來看這件事，你會發現其實美元對台幣的匯率大多落在 30 至 32.5 美元之間。而平均來說為 32 美元，如果投資人是屬於長期投資型，**定期換匯是一個好方法**，投資人可以用**每半年買進一次美元或是每季買進美元來平均成本**，如此一來你偶爾會買高偶爾會買低，但是長期平均下來大都會落在中間值，其實倒是不用太擔心。

進場頻率？一季？半年？一年？

這個完全取決於投資人如何做相關資產規劃。但是投資人必需考量到每一次匯款及交易的相關成本費用（以我的經驗來說每次大約是 20 至 25 美元），如資金有限，建議可以每半年或是一年進行一次匯款即可。

生活上需要用錢時該如何分配？

在投資前，投資人應留一些緊急備用現金，一般建議 3 個月或是半年的生活費，以防各種可能，如果是 1 至 3 年會動用到這筆資金，不建議投入，這筆錢盡量是閒錢，如遇到長期市況不好，投資人也無需太擔心。

千萬不要使用槓桿型 ETF

槓桿型 ETF 較不適合拿來長期投資，通常只被拿來當成短線投資交易。而且市場不可預測因素會讓投資人心神不寧，容易出現不理智的行為。更何況槓桿型獲利與虧損都會被放大，這類型 ETF 最終只會讓券商靠著手續費賺到口袋滿出來。

真的很多人在投資 ETF 了嗎？

近年來，指數化投資聽起來似乎非常盛行，但實際投資 ETF 的人有多少？常常看到台灣媒體報導近年來國人投資 ETF 逐年成長，很多國內投資人紛紛轉向這塊新領域。

看起來好像國內投資人已經擺脫國內業者不公平收費而有了新思維，不過諷刺的是，如果有作功課的朋友就知道，國內前十大 ETF 成交量大部分還是屬於正反槓桿 ETF，只是把 ETF 當賭博投機的工具。

多數投資人使用的是已經變型的 ETF，真正長期投資於大範圍市場指數型基金的人少之又少，直接投資海外 ETF 的人更是寥寥無幾。

下圖是全球 ETF 從 2000 年開始的成長規模，從 2000 年的 790
億元，到 2015 年的 2.9 兆，這 16 年期間成長了約 36.7 倍，看起來
是成長非常多沒錯，但前提是要知道全世界股票市值到底有多大才
能做比較。

單位：百萬美元

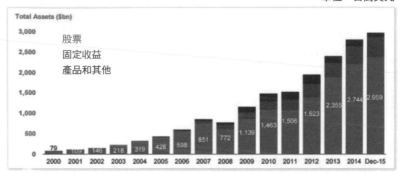

資料來源：iShare.com

　　ETF 規模在 2015 年底時資產規模為 2.9 兆，大概只占了全世
界股票市值約 4.3%，等於說世界上有 95.7% 的資金並不是屬於這
類資產，所以真的有如大家所想的那麼多人投資 ETF 嗎？

　　常常都會看到某些自稱專家說，已經有太多人投資 ETF，人多
的地方不要去，或說因為某檔 ETF 要賣龐大部位時，會擾亂市場、
增加波動性，都是 ETF 規模太大造成的，ETF 在市場沒效率時無
效等等無稽之談。

　　從台灣的 ETF 交易情況來看，投資人只是用 ETF 來跟隨市場
波動不斷頻繁的交易，或是用已經變形的 ETF 來操作，可見國人
還是把 ETF 當作短期投機工具罷了。

大多數投資人還是鍾情自己選股與買基金，當然金融業者也樂見投資人是積極主動型投資人，而現在看起來市場現況的確還是如此，並沒有隨著「好像指數化投資盛行」有所改變。

💲 投資 ETF 的準則清單！

準則清單，就跟飛機要起飛前機長與副機長或是塔台要確認所有流程清單一樣，每一細節都不能放過，遇到問題除了要靠正副機師的臨場反應之外，更要靠缺一不可的完整 SOP 流程。

但有許多投資人一心只想著要在哪個市場或是區塊投資，完全沒有任何投資基準就毫無章法投資，更甚至在完全不了解這些 ETF 特性及產業區塊就開始投資。

我相信錢對大家來說都是非常重要，投資人要將你的錢投入在長期投資工具上，最好要有一定程度的了解及熟悉它們的運轉機制，才不會賠錢時還不知道是怎麼賠錢的。

現在台灣市場上充斥了許多偽 ETF，其實對我自己來說這些台灣 ETF 都是不及格的。

❶ 普遍費用高。
❷ 規模太小。
❸ 流動性非常不夠。
❹ 槓桿 ETF 不合乎投資 ETF 的基本要素。

基於這些衡量 ETF 的準則，投資人在使用這些 ETF 來說其實風險非常大，這些發行的銀行只是搭著台灣最近投資 ETF 的熱潮，花招百出什麼 ETF 都拿來賣，大賺投資人的高週轉率成本。

對一般較沒有投資經驗的投資人，就會認為只要投資 ETF 就算是「被動投資」，但是其實這些都是主動型策略 ETF，投資人誤以為可以高枕無憂放在那不管，但是其實根本不知道自己在用的到底是哪一類型 ETF。

那麼到底買怎麼樣的 ETF 才算是可以長期投資的 ETF？以下是我整理出來的較為重要十點讓大家參考。

❶ 總開支費用（以美股 ETF 為例大都落在 0.04% ～ 0.11% 之間，超過就別考慮了）。

❷ 總規模大於 10 億美元以上。

❸ 每日成交量最好 15 萬股以上。

❹ 成立時間越久越好。

❺ 指數最好是涵蓋整個大市場類別。

❻ ETF 走勢與追蹤指數相近，不會造成折溢價過大。

❼ ETF 績效接近追蹤指數。（扣除費用後）

❽ ETF 投資風格應與追蹤指數一致。

❾ ETF 相關成分股權重應與追蹤指數權重大致相同。

❿ 絕對不投資槓桿型 ETF。

上述 10 個條件參考，符合越多項越好，代表投資人可以很放心的長期投資，至少已經避免掉一些可以控制的風險了，當然不可或缺的還有投資人的耐心、毅力、穩定度。

第四章

Chapter 4

各種資產特色
與投資組合的效果

第四章
Chapter 4

各種資產特色與
投資組合的效果

　　ETF 會因為投資的標的不同而有不同的報酬率及波動性，同時投資不同特性的 ETF，可以提升報酬率或是降低波動性。如在布局全球股市的同時，加入債券 ETF，可以在市場發生鉅變時，減少你的損失。而投資小型價值股，則可以拉高你的投資報酬率。

持有資產的相關性越低越好

　　如債券、REITs、股票、大宗商品及貴金屬等不同資產類別，其景氣循環的周期各有不同。而資產走向的相關性會隨著時間而變動，有時某兩個資產為正相關，可是也有可能在另一個 10 年又負相關或不相關。歷史統計也顯示，許多資產在同一時期內，並不總是同時齊漲或齊跌。

　　我們選擇投資標的時，不論你是選擇 ETF 或是共同基金，在資產配置時都希望投資標的之間存在負相關或是不相關，這樣才能達到資產配置降低風險的目的。

　　分散於多種不同類別資產而組成的資產配置，可以讓我們的投資組合降低重大虧損的可能，再藉由每隔一段時間重新再平衡，藉以控制每一資產類別風險。

下表是 1972 年至 2015 年間不同資產與美國股市相關性的變動，分別是 1972 年至 1981 年；1982 年至 1991 年；1992 年至 2000 年；2001 年至 2010 年、2011 年至 2015 年這 5 種期間，各資產類別表現。

▼ 1972 至 2015 年各資產與美國股市相關性

年份	長期公債	中期公債	短期公債	大宗商品	REIT	TIPS	GOLD
1972-1981	0.28	0.25	0.45	-0.16	0.79	0.49	-0.30
1982-1991	0.49	0.43	0.28	-0.10	0.73	0.04	-0.30
1992-2000	0.24	0.28	0.37	-0.31	0.01	0.12	-0.25
2001-2010	-0.81	-0.85	-0.74	0.62	0.82	0.18	0.43
2011-2015	-0.60	-0.75	-0.67	0.19	-0.04	-0.64	-0.66

資料來源：作者整理

美國債券不管長、中、短期在 1972 年至 2000 年這段時間，與美國股市呈現低相關性的表現。不過從 2001 年開始，這 3 種期別的債券，與美國股市呈現負相關。而 2001 年至 2015 年間，美國中長期債券與美國股市相關係數分別為 -0.75 與 -0.67，高於其他資產。

大宗商品在 1972 年至 2000 年這 28 年間，與美國股市都是呈現負相關，不過到了 2001 年後開始改變，一直到現在大宗商品與股市仍維持低相關性。

最特別就屬 REITs、抗通膨公債（TIPS）、黃金，這 3 種類別的資產，在 2011 年之前，他們與美國股市由原本的正相關，結果變成了負相關。尤其是以黃金從 2001 年至 2010 年間的相關係數 0.43。到 2011 年至 2015 年間變成 -0.66，變化最大。

第四章

而上述 7 種資產與美國股市的相關性，幾乎都在 2001 年開始有了很大的變化。不過雖然不同資產的相關性會隨著時間而不斷變動，但是同時持有兩種以上資產的配置還是一個不錯的主意，長時間而言，可以分散分險，達到我們資產配置的目的。

💲 各種資產歷史報酬率

當你決定投資標的時，不妨看看他過去的歷史表現，以下我們來看看不同市場的投資標的過去的投資報酬及表現。

以下是 Vanguard 以區域為類別的 ETF 由 2006 年至 2015 年資料，分別是：美國（VTI）、歐洲（VGK）、亞太（VPL）、新興市場（VWO）。

▼ Vanguard 美國、歐洲、亞太、新興市場 ETF 基本資料

	VTI	VGK	VPL	VWO
資產規模（億美元）	578	118	20.65	351
每日成交量（萬股）	330	500	60	1900
費用 %	0.05	0.12	0.12	0.15
周轉率 %	3	13	14	7
折溢價（2017 年）	-0.04	-0.06	-0.33	0.20
過去 12 月股息 %	2	3.18	2.46	3.13
總持有股數（支）	3660	1243	2231	4063

資料來源：美國晨星（Morningstar.com）

這四大市場總開銷費用最高為 VWO（新興市場）的 0.15%，最低是 VTI（美國）的 0.05%，在 2016 年股息最高是 VGK（歐洲）的 3.18%，而美國市場只有 2%。（由於美國政府會針對股息的部

分抽取 30% 的稅率，因此美國之外的投資人，實際收取的股息，大約是表格資料的 70%）

▼ 2006 年至 2015 年四大市場投資報酬與相互間的相關性

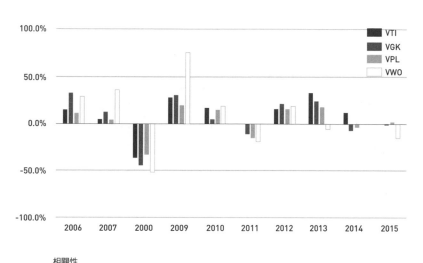

相關性					
股票	全稱	VTI	VGK	VPL	VWO
VTI	Vanguard Total Stock Market ETF	-	0.90	0.84	0.81
VGK	Vanguard European ETF	0.90	-	0.88	0.87
VTI	Vanguard Pacific ETF	0.84	0.88	-	0.85
VTI	Vanguard Emerging Market ETF	0.81	0.87	0.85	-

資料來源：

US Stock Market: AQR US MKT Factor Returns 1972-1992（AQR Data Sets）;
Vanguard Total Stock Market Index Fund（VTSMX）1993+;
European Stocks: AQR Europe MKT Factor（AQR Data Sets）1986-1990;
Vanguard European Stock Index Fund（VEURX）1991+;
Pacific Region Stocks: AQR Pacific MKT Factor（AQR Data Sets）1986-1990;
Vanguard Pacific Stock Index Fund（VPACX）1991+;
Emerging Markets: Vanguard Emerging Markets Stock Index Fund（VEIEX）1995+

第四章

2006 年至 2016 年 Vanguard 美國、歐洲、亞太、新興市場
ETF 投資報酬率

	VTI	VGK	VPL	VWO
2006	15.66%	33.57%	12.10%	29.53%
2007	5.56%	13.93%	4.85%	39.05%
2008	-36.97%	-44.66%	-34.24%	-52.77%
2009	28.82%	32.04%	21.25%	76.28%
2010	17.26%	5.01%	15.91%	18.99%
2011	1.06%	-11.49%	-13.89%	-18.68%
2012	16.41%	21.01%	15.60%	18.84%
2013	33.51%	24.93%	17.55%	-5%
2014	12.56%	-6.56%	-4.58%	0.60%
2015	0.40%	-1.87%	2.43%	-15.35%
2016	12.68%	-0.59%	5.31%	11.75%
11 年標準差	15.38%	20.58%	17.23%	24%
11 年總報酬	132.5%	40.70%	29%	54.5%
11 年年化報酬	7.97%	3.15%	2.34%	4.03%

資料來源：美國晨星、作者整理

這 11 年間績效最好為美國市場，年化報酬率為 7.97%，接下來分別為 VGK（歐洲）3.15%、VWO（新興市場）4.03%、10 年表現最差為 VPL（亞太）2.34%。

再從標準差來看，VWO（新興市場）在四大市場中，波動最為劇烈，標準差高達 24%。而 VGK（歐洲市場）標準差也高達 20.58%。其中又以美國市場波動來的最小，但是報酬卻是四大市場最高，有不少的投資人認為選標的就是要選波動大的，更認為美國屬已開發成熟市場還能有什麼成長？只會拖累整體績效！所以當然要選新興市場來投資。

我想會這樣想的投資人已經掉入只看報酬率的陷阱了。這 10年間雖然新興市場有 5 年贏過美國市場，但是在 2008 年及 2011年卻分別下跌 52.77% 及 18.68%。但是美國市場相對穩健，在這10 年間只有 2008 年為 -36.97%，其餘 9 年都是正報酬，

然而這就是重點所在，即使標的物沒有很大漲幅，但是他穩健的一直累積報酬，再加上時間一久，複利效果自然可觀。反觀新興市場一直大起大落，無法有效穩定持續累積報酬，報酬自然落後，投資人應該避免重壓標準差過大的市場或是產業。

🔍 績效令人推崇的小型成長股 與小型價值股

我想很多投資人應該會從一些經典財經大作，如：《智慧型資產配置》、《散戶投資正典》、《投資金律》等等，都會看到這句話：適度的增加小型股在資產配置中會提高報酬率。

在過去歷史上，小型股的確有溢酬的現象。而在很長的一段時間內，小型股的確報酬也較高，小型價值股更是優於小型成長股。

William Bernstein 甚至也說：「不論就風險還是報酬來說，投資小型股是很划算的。」（Get more bang for the buck.）

我們先從美國整體股市與小型股由 1971 年至 2015 年這 44 年的歷史來看是否真是如此？不過我們先來看看所謂的小型股有哪些分類。

小型價值型股票：

小型價值型股票往往沒有像小型成長股一樣那麼吸引人，如果投資者從歷史上看小型價值股，長期時間研究下，幾乎每一個市場的價值股表現都優於成長股，這種效應在小型價值股中最為明顯。原因就在於價值股往往相較於成長股易遭到低估，在歷史上價值型股票可能會為長期風險提供補償，然而小型股雖然有溢酬，但不代表他們每年績效都會贏過大盤。

小型成長型股票：

雖然小型公司有可能比大型股擁有更大的增長潛力，不過他們也往往有著更大的風險。小型成長型股票，是指那些具備持續競爭能力，成長潛力巨大的公司股票，持有這類股票能夠分享上市公司成長過程中帶來的利益。成長型股票是指處於成長期內的上市公司，這類公司發展速度快，淨利潤以每年 30% 至 50% 增長，但市場競爭激烈、經營風險也比較大，市場上漲時它會漲得更快，同樣，震盪調整時它的風險也會更大。

小型混合股票：

持股種類介於價值股與成長股之間，算是平衡型小型股。

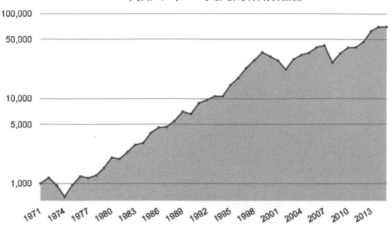

▼ 美國股市 1971 年至 2015 年報酬走勢圖：
1971 年投入 1,000 美元的累積報酬

資料來源：US Stock MarketAQR US MKT Factor Returns 1972-1992
（AQR Data Sets）；
Vanguard Total Stock Market Index Fund （VTSMX）1993+
註：報酬未納入手續費以及稅金等因素。

　　基本上由 1971 年至 2013 年這 43 年間美國股市的投資報酬一直不斷向上累積。即使遇到如 1973、2000、2008 年等嚴重股災，長期來看起來也只是一個小凹點而已。投資人如果從 1971 年投資 1,000 美元到美國股市，2015 年將會成長到 70,496 美元，將近有 6,950% 報酬，相當的嚇人。

　　接下來，看看同一時期美國小型股的表現。很明顯可以看到在這段時間，小型價值股的累積報酬超過小型混合、成長股，甚至贏過美國整體股市。

　　由總報酬來看，這 4 種資產第 1 名是小型價值股，第 2 名則

是小型混合股，而美國市場只屈於第 3。1971 年投資美國小型價值股與美國股市各 1,000 美元，43 年後，差距竟然約 14 萬美元，相當的嚇人，不過其中小型成長股報酬不如美國整體股票市場。

▼ 1971 年至 2015 年美國小型股報酬走勢圖

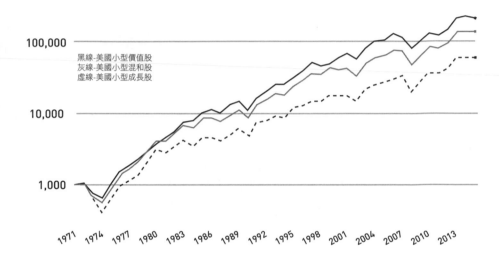

資料來源：

US Small Cap Blend: Professor Kenneth French's Research Data1 1972-1989
Vanguard Small Cap Index Fund （NAESX）1990+
US Small Cap Value: Professor Kenneth French's Research Data1 1972-1998
Vanguard Small Cap Value Index Fund （VISVX）1999+
US Small Cap Growth: Professor Kenneth French's Research Data1
1972-1998;Vanguard Small Cap Growth Index Fund （VISGX）1999+

▼ 1971 年至 2015 年美國股市不同選股原則的報酬比較

1972-2015	總報酬	年化報酬	投資最後累積結果
美國股市	6,950%	10.15%	70,496
美國小型混合股	13,439%	11.80%	135,394
美國小型成長股	5,848%	9.73%	59,482
美國小型價值股	20,931%	12.91%	209,309

資料來源：作者整理

▼ 1971 年至 2015 年美國股市不同選股原則的報酬波動率

1972-2015	標準差	表現最好一年	表現最差一年
美國股市	17.93%	38.44%	-37.04%
美國小型混合股	21.83%	57.04%	-36.07%
美國小型成長股	23.73%	62.83%	-40%
美國小型價值股	20.37%	54.15%	-32.05%

資料來源：

US Stock Market: AQR US MKT Factor Returns 1972-1992 （AQR Data Sets）;Vanguard Total Stock Market Index Fund （VTSMX） 1993+
US Small Cap Blend: Professor Kenneth French's Research Data1 1972-1989;Vanguard Small Cap Index Fund （NAESX） 1990+
US Small Cap Value: Professor Kenneth French's Research Data1 1972-1998;Vanguard Small Cap Value Index Fund （VISVX） 1999+
US Small Cap Growth: Professor Kenneth French's Research Data1 1972-1998;Vanguard Small Cap Growth Index Fund （VISGX） 1999+

天底下沒有白吃的午餐，這句話一點都沒錯，投資小型股，其報酬的波動（標準差）大於投資美國整體股市。

如果投資人將資金 100% 投入小型股，其標準差可能會讓投資人睡不好覺，想投資小型股的投資人必須要有耐心與足夠的忍

耐力，確保你在市場下跌不會因此受到影響，更不會把股票賣掉，
事後再來後悔。

💲 如何組合不同資產類別以拉高投資報酬率

在了解不同資產類別的特性之後，我們不妨開始討論一個投資
上的重要議題，將不同的資產混合持有，會產生什麼效果？

假設一個投資人同時持有投報率表現最好的小型價值股與美國
整體股市，資金的配置，由小型價值股 90％、美國整體股市 10％
開始，逐漸的增加美國整體股市的比重。如此檢視其投資績效，非
常的神奇是只要加入少少的 10% 小型股，就可以明顯看到波動變
小，報酬提高。

以過去這 43 年來說，小型股搭配美國整體股市，最好最壞的
一年都好過僅持有美國整體股市。一般而言，投資報酬率也更高，
投資的報酬的標準差則較小。

比例	年化報酬	標準差	最好一年	最壞一年	期初 1 千美元
100%	10.15%	17.93%	38.44%	-37.04%	70,496
90/10%	10.50%	17.75%	40.01%	-36.54%	81,012
80/20%	10.84%	17.67%	41.58%	-36.04%	92,444
70/30%	11.15%	17.68%	43.15%	-35.54%	104,766
60/40%	11.45%	17.80%	44.72%	-35.04%	117,932
50/50%	11.73%	18.01%	46.29%	-34.54%	131,874
60/40%	12%	18.31%	47.87%	-34.05%	146,503
70/30%	12.25%	18.71%	49.44%	-33.55%	161,708

資料來源：

US Stock Market: AQR US MKT Factor Returns 1972-1992 （AQR Data
Sets）;Vanguard Total Stock Market Index Fund （VTSMX） 1993+
US Small Cap Value: Professor Kenneth French's Research Data1
1972-1998;Vanguard Small Cap Value Index Fund （VISVX） 1999+

第四章

談到這個，你也許會質疑，去哪裡找到所謂的美國整體股市。其實不少 ETF 是以美國整體市場為投資的範圍。我們不妨開始用市場有在銷售的 ETF，來試驗一下，所謂的「美國整體市場」與小型股「混搭」投資的效果。

我們將提出 3 種不同的投資組合，分別用代表美國整體股市的 ETF 商品，與美國小型股、美國小型價值股與美國小型成長股進行搭配。

首先我們用以下兩支 ETF 進行搭配，觀察其效果。投資期間

則為 2005 年至 2015 年！

Vanguard Total Stock Market （整體股市 ETF）美股代號：VTI

Vanguard Small-Cap（小型股 ETF）美股代號：VB

大家都很清楚 VTI 的投資屬性，我們不妨先看一下 VB 的投資屬性，它屬價值成長股。

晨星九宮格說明：

　　到美國晨星（Morringstar.com）查閱基金基本資料時都會看如下圖的九宮格，以下以 Vanguard 全世界 ETF（股票代號 VT）來說明，九宮格的意義。九宮格右邊顯示這個基金持有股票企業的規模大小。以 VT 來說，可看到基金的藍點位在大型股與巨型股之間，代表 VT 持有的持股是介於這二者之間。下面說明則是代表基金持股的風格，以持股偏向價值股或是成長股來區分，以 VT 來說是介於二者中間，但稍稍的有點偏向成長股。

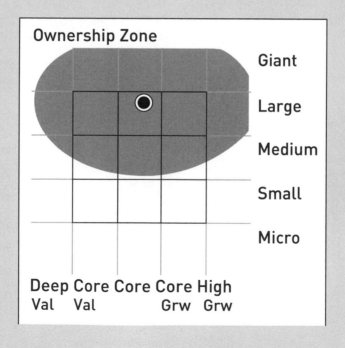

▼ Vanguard Small-Cap 的投資屬性

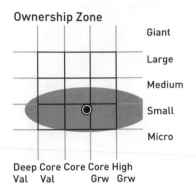

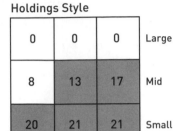

Ownership Zone

Holdings Style

0	0	0	Large
8	13	17	Mid
20	21	21	Small

Value Blend Growth

◉ **Weighted Average of holdings**

● **75% of fund's stock holdings**

Portfolio Weight%
- ● > 50%
- ● 25-50%
- ● 10-25%
- ○ 0-10%

Investment Style History

Year	Style	% Equity
2016*	▦	99.00
2015	▦	99.38
2014	▦	99.79
2013	▦	98.65
2012	▦	99.39

資料來源：美國晨星

▼ 2005 年至 2016 年 VTI & VB 報酬圖

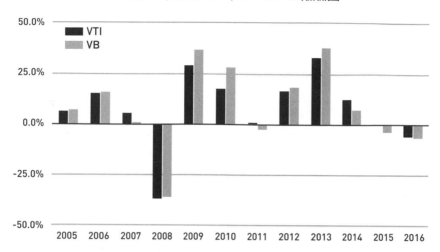

資料來源：

US Stock Market: AQR US MKT Factor Returns 1972-1992 （AQR Data Sets）；
Vanguard Total Stock Market Index Fund （VTSMX） 1993+
US Small Cap Blend: Professor Kenneth French's Research Data1
1972-1989;Vanguard Small Cap Index Fund （NAESX） 1990+

第四章

▼ 2005 年至 2015 年以不同資金比重投資於 VTI、VB 的投資表現

	年化報酬 %	標準差 %	最好一年 %	最差一年 %	期初 1 千美元
VTI	7.39	15.26	33.45	-36.98	2191
VB	7.89	19.36	37.7	-36.19	2305
90/10	7.45	15.60	33.88	-36.90	2204
80/20	7.5	15.96	34.3	-36.82	2217
70/30	7.56	16.34	34.73	-36.74	2229
60/40	7.61	16.74	35.15	-36.66	2241
50/50	7.66	17.15	35.58	-36.58	2252
40/60	7.71	17.57	36	-36.51	2264
30/70	7.76	18	36.42	-36.43	2274

資料來源：

US Stock Market: AQR US MKT Factor Returns 1972-1992 （AQR Data Sets）；
Vanguard Total Stock Market Index Fund （VTSMX） 1993+

US Small Cap Blend: Professor Kenneth French's Research Data1 1972-1989;Vanguard
Small Cap Index Fund （NAESX） 1990+

在 2005 年至 2015 年之間，VTI 年化報酬為 7.39%，而 VB 為 7.89%。兩者搭配，會產生比 VTI 更高的報酬，而報酬的波動率則比 VB 小。

與 VTI 相比，增加 VB 10% 大概可以增加年化報酬約 0.5% 左右，而標準差大概也會增加 0.32 ～ 0.4% 左右，這樣看起來加入小型股的確是滿划算的計劃。

由以上的例子看出，資產配置組合中適時加入較高風險的小型股，會有增加總體報酬率的功效。

我們在看另一個範例，以下兩支 ETF 進行搭配：

Vanguard Total Stock Market（整體股市 ETF）美股代號 :VTI

Vanguard 小型價值股 ETF 股票代號 :VBR

VBR 的投資對象都是價值類股。

▼ Vanguard 小型價值股 ETF 的投資屬性

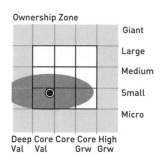

Ownership Zone		Holdings Style		
	Giant	0	0	0	Large
	Large				
	Medium	15	13	9	Mid
◉	Small				
	Micro	32	24	7	Small
Deep Core Core Core High Val Val Grw Grw		Value Blend Growth		

◉ Weighted Average of holdings

● 75% of fund's stock holdings

Portfolio Weight%
- ● > 50%
- ● 25-50%
- ● 10-25%
- ○ 0-10%

Investment Style History

Year	Style	% Equity
2016*	⊞	99.49
2015	⊞	99.23
2014	⊞	99.49
2013	⊞	98.44
2012	⊞	99.70

資料來源：美國晨星

第四章

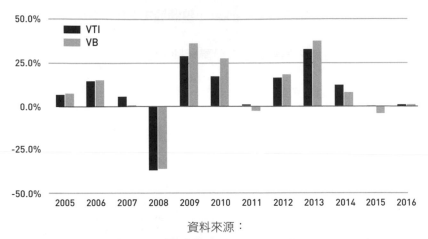

▼ 2005 年至 2016 年 VTI 與 VBR 報酬圖

資料來源：

US Stock Market: AQR US MKT Factor Returns 1972-1992（AQR Data Sets）;Vanguard Total Stock Market Index Fund（VTSMX）1993+

US Small Cap Value: Professor Kenneth French's Research Data1 1972-1998;Vanguard Small Cap Value Index Fund（VISVX）1999+

　　從 2005 年至 2015 年這 11 年間，VTI 有 5 年時間報酬是打敗 VBR，其餘 6 次 VBR 贏，不過這 11 年間 VBR 總報酬還是是略輸 VTI 一點。VTI 年化報酬 7.39%，而 VBR 為 7.19%。

　　意思就是這 11 年間如果你想用 VBR 來提升美國市場報酬可能 是沒有辦法的，從 VBR 配 10% 開始到搭配到 70%，也是無法贏過 單純持有 VTI 報酬。

　　我想這與很多人的認知不太一樣，因為歷史總是告訴我們小型 價值股的溢價一直優於小型成長股，不過這 11 年卻不是這樣，的確 是滿特別的，不過畢竟只有用 11 年的資料進行比較，還是稍嫌不足。

	年化報酬 %	標準差 %	最好一年 %	最差一年 %	期初 1 千美元
VTI	7.39	15.26	33.45	-36.98	2191
VBR	7.19	19.35	36.55	-32.2	2146
90/10	7.38	15.58	33.76	-36.5	2190
80/20	7.38	15.93	34.07	-36.02	2188
70/30	7.36	16.30	34.38	-35.55	2185
60/40	7.35	16.68	34.69	-35.07	2181
50/50	7.33	17.09	35	-34.59	2177
40/60	7.31	17.51	35.31	-34.11	2173
30/70	7.28	17.95	35.62	-33.64	2167

資料來源：作者整理

也許投資人在考慮是否加入小型股來提升報酬前，可以選擇介於價值股與成長股之間的小型股來搭配，也最為保險，至少投資人不必猜測下個十年期間，哪一種小型股會有怎樣的走向，是較保險的最法之一。

最後，我們再看一種美國整體股市與小型成長股的組合：

Vanguard Total Stock Market （整體股市 ETF）美股代號：VTI

Vanguard Small-Cap Growth Index Fund ETF Shares （小型成長股 ETF）股票代號：VBK

VBK 的持股以小型價值股為主。

第四章

這從 2005 年至 2015 年，VBK 贏了 VTI 6 次，總報酬也贏 VTI。

▼ Vanguard 小型成長股 ETF 的投資屬性

Ownership Zone

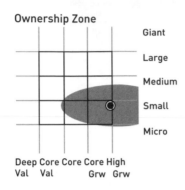

Giant
Large
Medium
Small
Micro

Deep Core Core Core High
Val   Val   Grw Grw

◉ Weighted Average of holdings

● 75% of fund's stock holdings

Holdings Style

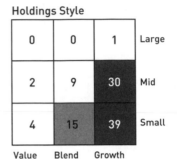

0	0	1	Large
2	9	30	Mid
4	15	39	Small

Value   Blend   Growth

Portfolio Weight%
● > 50%
● 25-50%
● 10-25%
○ 0-10%

Investment Style History

Year	Style	% Equity
2016*	⊞	99.70
2015	⊞	99.54
2014	⊞	99.81
2013	⊞	98.35
2012	⊞	99.72

資料來源：美國晨星

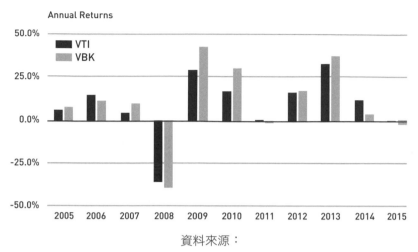

▼ 2005 年至 2016 年 VTI 與 VBK 報酬圖

Annual Returns

資料來源：

US Stock Market: AQR US MKT Factor Returns 1972-1992（AQR Data Sets）;Vanguard Total Stock Market Index Fund（VTSMX）1993+

US Small Cap Growth: Professor Kenneth French's Research Data1 1972-1998;Vanguard Small Cap Growth Index Fund（VISGX）1999+

第四章

　　VBK 在 2005 年至 2015 年這 11 年間，年化報酬率來到驚人的 8.39%。投資報酬率超過 VTI 一個百分點。

　　可以很明顯看到投資組合中只要加入 10% 的 VBK，投資組合報酬率開始會比單一持有 VTI 來的更好，不過標準差也略為上升。如果投入 VBK 的資金超過 30%，標準差上升 1.17 個百分點，年化報酬率可以提升 0.34 個百分點。

▼ 2005 年至 2015 年以不同資金比重投資於 VTI、VBK 的投資表現

	年化報酬 %	標準差 %	最好一年 %	最差一年 %	期初 1 千美元 累積的 投資結果
VTI	7.39	15.26	33.45	-36.98	2,191
VBK	8.39	19.79	42.79	-40.32	2,426
90/10	7.51	15.62	33.93	-37.31	2,217
80/20	7.63	16.01	34.41	-37.65	2,243
70/30	7.73	16.43	34.9	-37.98	2,268
60/40	7.83	16.85	35.38	-38.32	2,292
50/50	7.94	17.3	35.86	-38.65	2,316
40/60	8.03	17.77	37.23	-38.98	2,340
30/70	8.13	18.25	38.62	-39.32	2,362

資料來源：作者整理

　　以上用小型股（VB）、小型價值股（VBR）、小型成長股（VBK）等 3 種小型與代表美國整體股市的 ETF，進行投資組合的實驗。發現只有加入小型價值股（VBR），無法創造較單一投資美股整體市場更高的報酬，也無法降低投資的波動。

　　而將美國整體股市與小型股（VB）、小型成長股（VBK）混合投資。則能創造投報率優於整體市場，波動率小於小型股及小型成長股的投資效果。

　　如前所述，市場上有 3 種小型股 ETF，綜合、成長及價值。如果你沒有辦法確認成長及價值何者在未來會較為吃香，我想選擇綜合性的 ETF（VB）會是較保險的做法之一。

🔍 為何不只投資小型股

要討論小型股的投資，就不能不討論 Dimensional Fund Advisors（DFA）這家基金公司。雖然很多人都對 DFA 非常陌生，但他的其中一位顧問正是一位鼎鼎大名大名諾貝爾獎得主 Eugene Fama 先生。

DFA 在 1981 年推出了 U.S 9-10 Small Company Fund 基金，DFA 的核心概念在於：如果小型價值股票可以一直打敗其他指數，那麼為什麼不直接專注投資市場中的「某一小塊」市場就好了呢？

剛開始的前十年 DFA 還沒沒無名，但是直到近年來因為 DFA 的基金表現不錯，開始越來越多人注意到他們，但對我來說這是種 Smart Beta，也就是策略型 ETF，通常股市多頭會有很好的表現，但是一但股市開始走空，那麼通常這類型 ETF 都會造成較大的損失。

那麼到底投資人只利用美國小型價值股與世界小型價值股的這種極端配置到底是否可行，及要承受多少可衡量的風險，這滿值得討論的。

首先我們先來看過去美國股市與小型價值股的比較。

從 1975 年開始美國小型價值股一路領先美國股市到現在，其中 1974、1994、2002、2008 年等整體股市下挫時，美國小型價值股的確表現反而還比美國股市更好。

如果在 1972 年分別在美國整體股市及小型價值股上，投資 1,000 美元，到 2017 年美國股市成長到 82,977 美元，而美國小型價值則達到驚人的 445,614 元，等於說這 45 年來美國股市成長了約 8,086%，而美國小型股為 43,500%，中間差了 5.38 倍左右，可以說是非常誇張。自然標準差也比美國股市多了 2.48 個百分點，這樣看起來投資小型價值的確是滿划算的。

▼ 1972 年至 2017 年美國股市與美國小型價值股走勢圖

	期初 金額	期末 金額	年化報 酬率	標準差	最好 一年	最差 一年
美國股市	1,000	82,977	10.28%	15.62%	37.82%	-37.04%
美國小型 價值股	1,000	445,614	14.46%	18.10%	54.78%	-32.05%

資料來源：

US Stock Market:

AQR US MKT Factor Returns 1972-1992（AQR Data Sets）;Vanguard Total Stock Market Index Fund（VTSMX）1993+

US Small Cap Value: Professor Kenneth French's Research Data1 1972-1998;Vanguard Small Cap Value Index Fund（VISVX）1999+

▼ 1972 年至 2016 年美國股市與美國小型價值股投資報酬比較

年份	美國股市	美國小型價值股
1972	17.62%	11.15%
1973	-18.18%	-24.12%
1974	-27.81%	-21.09%
1975	37.82%	53.94%
1976	26.47%	54.78%
1977	-3.36%	15.88%
1978	8.45%	19.25%
1979	24.25%	37.80%
1980	33.15%	25.77%
1981	-4.15%	15.69%
1982	20.50%	36.87%
1983	22.66%	42.61%
1984	2.19%	5.69%
1985	31.27%	37.46%
1986	14.57%	13.99%
1987	2.61%	-3.51%
1988	17.32%	29.00%
1989	28.12%	19.21%
1990	-6.08%	-19.05%
1991	32.39%	42.96%
1992	9.11%	28.23%
1993	10.62%	21.10%
1994	-17.00%	-7.00%
1995	35.79%	30.32%
1996	20.96%	24.41%
1997	30.99%	35.44%

第四章

年份	美國股市	美國小型價值股
1998	23.26%	-2.68%
1999	23.81%	3.35%
2000	-10.57%	21.88%
2001	-10.97%	13.70%
2002	-20.96%	-14.20%
2003	31.35%	37.19%
2004	12.52%	23.55%
2005	5.98%	6.07%
2006	15.51%	19.24%
2007	5.49%	-7.07%
2008	-37.04%	-32.05%
2009	28.70%	30.34%
2010	17.09%	24.82%
2011	0.96%	-4.16%
2012	16.25%	18.56%
2013	33.35%	36.41%
2014	12.43%	10.39%
2015	0.29%	-4.77%
2016	12.53%	24.65%

資料來源：作者整理

45 年以來，美國小型價值股，有 31 年表現比美國整體股市來的好，基本上每年有 68% 以上的機會表現的比美國股市好。

以上是歷史數據帶給我們的答案，但是我們並沒有針對美國以外的小型價值股做分析，以下我們直接用實際的例子來看看，全球型小型價值股的表現。

我們選擇了 VBR 與 WisdomTree 國際高股利小型股 ETF（DLS）進行投資組合，觀察其投資的表現。DLS 持有國際小型股持股約有 900 支，不多也不少，資產也在十億美元上下，每日流通量約 7 萬股，也已經成立了約 11 年，但美中不足的是總開支費用為 0.58%。

這個資產組合總持有全世界小型股約 1700 支左右，標準差也都差不多。

由於 DLS 是在 2006 年 6 月才成立，所以我們從 2007 年開始看這個投資組合，剛好可以看看遇到 2008 年的金融海嘯表現如何。

第四章

年份	VBR+DLS
2007	-1.21%
2008	-38.28%
2009	34.04%
2010	22.25%
2011	-8.27%
2012	21.51%
2013	31.46%
2014	0.78%
2015	1.35%
2016	15.84%
2017	4.78%

期初金額	期末金額	年化報酬	標準差	最好一年	最差一年
1000	1815	6.04%	19.01%	34.04%	-38.28%

資料來源：Vanguard Small Cap Value Index Fund（VISVX）1999+;Canadian Equities and ETFs CSI（www.csidata.com）

這個組合在 2008 年還是避免不了嚴重下跌，當年美國標普 500 績效為 -38.49%。

期初的 1,000 美元，到期末成長為 1,815 美元，年化報酬來到 6.04%，說真的這個報酬真的不錯。尤其是中間還經歷過 2008 年金融大海嘯，但是標準差稍為高了一點，達 19.01%，但是以 6.04% 的年化報酬率來說，似乎標準差是可以接受的。

當然投資人千萬不要只為了以前漂亮的報酬率就去投資，因為績效是過去式，未來誰也不敢打包票會是怎樣的結果，就是因為我們不知道未來會如何，才要使用 ETF 這種有效率又費用低的投資工具，如果只是一味追求以前的績效，那實在有點本末倒置，投資人不妨可以從基金的報告書中參考 1、3、5 年期的標準差做為參考。

💲 大型價值股與小型價值股歷年績效比較

在資產組合中加入大型價值股或是小型價值股，長期下來可以提升投資報酬率，而兩者比較何者為佳呢？

我們比較 1972 年到 2015 年，每次以 10 年為期，比較美國整體股市、大型價值股及小型價值股的投資績效，供讀者參考。

首先是 1972 年至 1981 年。這 10 年間美國整體股市的年化報酬率達 6.88%；大型價值股為 12.02%；小型價值股報酬率超過其他兩者達到 15.83%，但是標準差也是最大，為 26.51%。在這十年間投資小型價值股的投資人的確可以拿到不錯的溢酬表現。

第四章

▼ 1972 年至 1981 年美國整體股市、大型價值股、小型價值股的投資表現

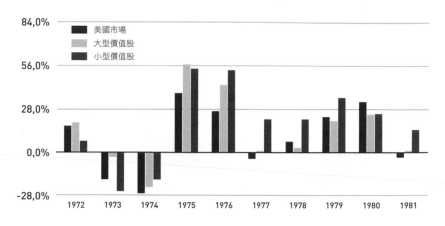

資料來源：

US Stock Market: AQR US MKT Factor Returns 1972-1992（AQR Data Sets）;
Vanguard Total Stock Market Index Fund（VTSMX）1993+

US Large Cap Value: Professor Kenneth French's Research Data1 1972-1992;Vanguard Value Index Fund（VIVAX）1993+

US Small Cap Value: Professor Kenneth French's Research Data1 1972-1998;Vanguard Small Cap Value Index Fund（VISVX）1999+

▼ 1972 年至 1981 年美國整體股市、大型價值股、小型價值股的投資表現

1972-1981					
	年化報酬率	標準差	最好一年報酬	最差一年報酬	美國市場相關性
美國市場	6.88%	22.06%	38.44%	-40.61%	1
大型價值股	12.02%	23.66%	56.87%	-26.18%	0.92
小型價值股	15.83%	26.51%	54.15%	-39.72%	0.86

資料來源：作者整理

在 1982 年至 1991 年。美國整體股市年化報酬為 16.34%；小型價值股為 14.14%；大型價值股在這 10 年間有最好的表現為 16.61%，且此期間，大型價值股有 6 年年報酬贏過小型價值股。

這段時間，大型價值股不但投資報酬率最高，其投資報酬的標準差也最低，僅為 12.74%。期間最大的損失也只有 8.29%，只高於美國整體市場。

▼ 1982 年至 1991 年美國整體股市、大型價值股、
小型價值股的投資表現

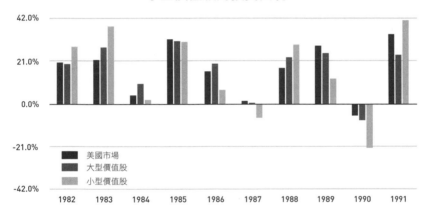

資料來源：

US Stock Market: AQR US MKT Factor Returns 1972-1992（AQR Data Sets）;Vanguard Total Stock Market Index Fund（VTSMX）1993+

US Large Cap Value: Professor Kenneth French's Research Data1 1972-1992;Vanguard Value Index Fund（VIVAX）1993+

US Small Cap Value: Professor Kenneth French's Research Data1 1972-1998;Vanguard Small Cap Value Index Fund（VISVX）1999+

第四章

▼ 1982 年至 1991 年美國整體股市、大型價值股、
小型價值股的投資表現

1982-1991					
	年化報酬率	標準差	最好一年報酬	最差一年報酬	美國市場相關性
美國市場	16.34%	13.50%	34.44%	-6.18%	1
大型價值股	16.61%	12.74%	31.22%	-8.29%	0.93
小型價值股	14.14%	20.96%	41.37%	-21.98%	0.87

資料來源：作者整理

比較 1972 年到 1991 年，美國整體股市及大小型價值股，會發現「各領風騷數十年」。從 1972 年至 1981 年小型價值股較佔優勢，但 1982 年至 1991 年變成大型股較佔優勢，接著我們在繼續看下個十年哪一項資產表現較好。

在 1992 年至 2001 年，小型價值股年化報酬率達到 15.34%，而美國市場只有 12.19%。值得注意的是，在這 10 年小型價值股不但有著高報酬，也有最少的標準差，而虧損最大一年也只小跌 6.71%。

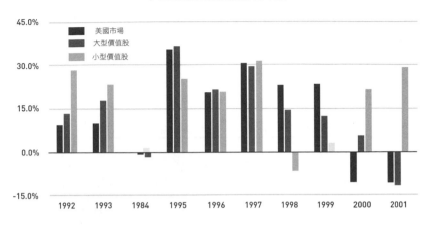

▼ 1992 年至 2001 年美國整體股市、大型價值股、
　　小型價值股的投資表現

資料來源：

US Stock Market: AQR US MKT Factor Returns 1972-1992（AQR Data Sets）;
Vanguard Total Stock Market Index Fund （VTSMX） 1993+

US Large Cap Value: Professor Kenneth French's Research Data1
1972-1992;Vanguard Value Index Fund （VIVAX） 1993+

US Small Cap Value: Professor Kenneth French's Research Data1
1972-1998;Vanguard Small Cap Value Index Fund （VISVX） 1999+

第四章

▼ 1992 年至 2001 年美國整體股市、大型價值股、
小型價值股的投資表現

1992-2001					
	年化報酬率	標準差	最好一年報酬	最差一年報酬	美國市場相關性
美國市場	12.19%	16.50%	35.79%	-20.38%	1
大型價值股	13.27%	14.16%	36.94%	-11.88%	0.88
小型價值股	15.34%	13.39%	31.50%	-6.71%	0.13

資料來源：

US Stock Market: AQR US MKT Factor Returns 1972-1992（AQR Data Sets）;
Vanguard Total Stock Market Index Fund（VTSMX）1993+
US Large Cap Value: Professor Kenneth French's Research Data1 1972-1992;
Vanguard Value Index Fund（VIVAX）1993+
US Small Cap Value: Professor Kenneth French's Research Data1 1972-1998;
Vanguard Small Cap Value Index Fund（VISVX）1999+

接下來在 2002 年至 2011 年之間，小型價值股依然贏過大型價值股，期間有 6 年的投資報酬率超過大型價值股。而在這 10 年間小型價值股的年化報酬率達到 6.12%。美國市場及大型價值股分別為 3.75% 及 3.39%，在表現最好的一年報酬率，也贏過其他兩項資產。

看起來由 1972 年至 2011 年這 4 個 10 年間，小型價值股共贏了 3 次，因此投資小型價值股似乎是比大型價值股可以拿到更好的溢價報酬。

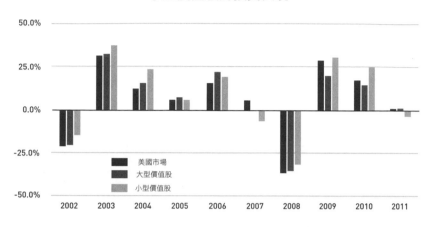

▼ 2002 年至 2011 年美國整體股市、大型價值股、
　　小型價值股的投資表現

資料來源：

US Stock Market: AQR US MKT Factor Returns 1972-1992（AQR Data Sets）;
Vanguard Total Stock Market Index Fund（VTSMX）1993+
US Large Cap Value: Professor Kenneth French's Research Data1
1972-1992;Vanguard Value Index Fund（VIVAX）1993+

US Small Cap Value: Professor Kenneth French's Research Data1
1972-1998;Vanguard Small Cap Value Index Fund（VISVX）1999+

▼ 2002 年至 2011 年美國整體股市、大型價值股、
　　小型價值股的投資表現

2002-2011					
	年化報酬率	標準差	最好一年報酬	最差一年報酬	美國市場相關性
美國市場	3.75%	21.13%	31.35%	-37.04%	1
大型價值股	3.39%	20.64%	32.25%	-35.97%	0.98
小型價值股	6.12%	22.30%	37.19%	-36.85%	0.95

資料來源：作者整理

我們繼續看從 2012 年至 2015 年這 4 年前述 3 種資產的表現。並由更長遠的時間跨距（1972 年至 2015 年），來檢視各種資產的投資表現。讓投資朋友可以更能掌握不同資產的特色，以進行投資組合的搭配。

▼ 2012 年至 2015 年美國整體股市、大型價值股、小型價值股的投資表現

2012-2015					
	年化報酬率	標準差	最好一年報酬	最差一年報酬	美國市場相關性
美國市場	14.98%	13.66%	33.35%	0.00%	1
大型價值股	14.34%	13.90%	32.85%	-1.03%	1
小型價值股	14.19%	17.16%	36.41%	-4.78%	0.99

資料來源：

US Stock Market:

AQR US MKT Factor Returns 1972-1992（AQR Data Sets）；

Vanguard Total Stock Market Index Fund（VTSMX）1993+

US Large Cap Value: Professor Kenneth French's Research Data1 1972-1992;

Vanguard Value Index Fund（VIVAX）1993+

US Small Cap Value: Professor Kenneth French's Research Data1 1972-1998;

Vanguard Small Cap Value Index Fund（VISVX）1999+

這 4 年可以看到，不管是大型價值股及小型價值股報酬，都沒有來得單純美國市場好，美國市場這 4 年年化報酬率高達 14.98%，標準差也相較之下更小（大型價值股這 4 年時間表現好過於小型價值股）。

綜合前述論述，在 1972 年至 2015 計 44 年間，若以 10 年為區間，來比較不同資產的投資報酬。小型價值股在 3 個期間表現領先，分別是 1972 年至 1981 年、1992 年至 2001 年、2002 年至 2011 年。

大型價值股則只在 1982 年至 1991 年領先，而美國市場則是在 2012 年至 2015 年這 4 年時間，表現優於大型、小型價值股。

　　長時間來看，小型股似乎存在溢酬較大型股來的更好，但是以近十年來看，小型股落後美國市場，投資人要投資這類股票要非常小心，及要強健自身的風險承受度，投資人千萬不要忘記溢酬的報酬是來自更多的風險。

▼ 1972 年至 2015 年美國整體股市、大型價值股、小型價值股的投資表現

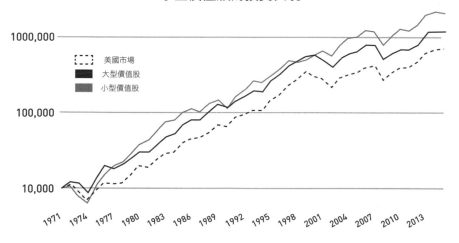

1972-2015					
	年化報酬率	標準差	最好一年報酬	最差一年報酬	美國市場相關性
美國市場	10.15%	17.93%	38.44%	-40.61%	1
大型價值股	11.49%	17.72%	56.87%	-35.97%	0.88
小型價值股	12.91%	20.37%	54.15%	-39.75%	0.13

資料來源：作者整理

💲 對抗市場黑天鵝的最佳工具：債券

英國脫歐結果出爐後，全球金融市場經歷了「恐怖波動性」的黑色星期五，從嚴重程度來看甚至超過了 1987 年的黑色星期一，尤其是以美國市場的 NASDAQ，當天就損失 4.12%，為 16 年來下跌最多的一次，國際評級機構穆迪更是宣布將英國的信用評級由「穩定」下調至「負級」。

當天下跌最嚴重分別是法國 8.04%、日經 7.92%、德國 6.82%，可以說是非常慘烈。美國市場相對跌幅較小，S&P500 為 3.59%、NASDAQ4.12%。

當全世界陷入極度恐慌時美國公債無疑是最佳的避險資產之一，5 年期以上公債漲幅都超過 1%，30 年國債更是暴漲到 2.4%。

▼ 2016 年 6 月 24 日英國脫歐市事發生時，
全球主要股票市場的表現

NASDAQ 指數	-4.12%
S&P500 指數	-3.59%
羅素 2000 指數	-3.81%
日經 225 指數	-7.92%
英國 FTSE100 指數	-3.15%
德國 Xetra Dax 指數	-6.82%
法國 CAD40 指數	-8.04%
道瓊指數	-3.39%

資料來源：作者整理

▼ 2016 年 6 月 24 日英國脫歐事件發生時，美國公債市場的表現

TREASURYS	7:15p.m.EDT06/24/16	
	PRICE CHG	YIELD（%）
1-Month Bill	0/32	0.244
3-Month Bill	0/32	0.256
6-Month Bill	0/32	0.376
1-Year Note	0/32	0.479
2-Year Note	0/32	0.629
3-Year Note	0/32	0.731
5-Year Note	0/32	1.066
7-Year Note	0/32	1.341
10-Year Note	0/32	1.559
30-Year Note	0/32	2.410

資料來源：STOCK Q 資料

▼ 2016 年 6 月 24 日英國脫歐事件發生時，主要 ETF 的表現

ETF	股票代號	績效
Vanguard 全世界股票 ETF	VT	-5.31%
iShares MSCI 歐澳遠東 ETF	EFA	-8.59%
Vanguard FTSE 美國以外全世界	VEU	-7.66%
Vanguard 整體股市	VTI	-3.65%
Vanguard FTSE 歐洲	VGK	-11.29%
Vanguard FTSE 太平洋	VPL	-4.73%
Vanguard FTSE 新興市場	VWO	-5.66%
ETF 債券		
Vanguard 總體債券市場	BND	0.55%
Vanguard 總體國際債券	BNDX	0.40%
iShares iBoxx 投資等級公司債	LQD	0.47%
Vanguard 短期公司債券	VCSH	0.26%
iShares iBoxx 高收益公司債	HYG	-1.64%
SPDR 彭博巴克萊高收益債	JNK	-1.49%
iShares 1-3 年期美國公債	SHY	0.20%
iShares 3-7 年期美國公債	IEI	0.75%
iShares 20 年期以上美國公債	TLT	2.68%
iShares 美國核心綜合債券	AGG	0.52%

資料來源：美國晨星

　　以 ETF 股票市場來說，我真的還沒看過跌幅超過 10% 以上，但是就在「黑色星期五」當天 Vanguard 發行之歐洲市場 ETF VGK，下跌幅度高達 11.29%，為世界主要市場之最。而下跌次多為 EFA，由於 EFA 主要持有國家為日本與英國，約佔總資產 43%，也可以說非常慘烈，而以全世界為投資標的的 VT 則跌 5.31%。

　　相較股票市場的大崩跌，投資債券的 ETF 則表現相對的優異。

其中又以「中、長期公債」表現最為優秀，以 20 年以上公債 ETF 與 TLT 來說，漲幅高達 2.68%。相較之下如果投資人只投資與股票相關性高的高收益債恐怕也不是一個好的決定，高收債 ETF HYG 與 JNK 分別下跌 1.64% 及 1.49%。

對持有債券資產的人，不論你持有的是債券基金或是 ETF，甚至直接持有債券，常常會有一個問題，是不是遇到升息，就要把相關資產賣掉？

大部分投資人會在升息時撤出債券市場，原因就出在利率上升，會造成債券在二手市場的價格下跌。所以大多數專家與新聞媒體又會開始鼓吹在升息這段時間「股會比債好」這種觀念，一再重覆這種陳腔濫調的言論，甚至很多專家也認為在升息時間持有債券是相當不智的行為。

好像你在這升息時間點持有債券你就是怪胎一樣，不但周遭朋友會向你投出怪異眼神，連你自己也會開始懷疑自己的決定是否正確，這種莫名的壓力的確會讓原本堅定的投資人轉而把債券賣掉，而改持有現金或是股票。

不過我們不妨來看在歷次升息時，有關債券的資產投資報酬的表現。從 1980 年到 2017 年美國聯準會共有 6 次調升利率。分別是 1983 年至 1984 年；1988 年至 1989 年；1994 年至 1995 年；1999 年至 2000 年；2004 年至 2006 年調升了 5.25%，一直到最近從 2015 年 12 月 17 日由原本的 0.25% 調升至 0.5%，而 2016 年 12 月 15 日再調升到 0.75%。

第四章

▼ 投資美國債券的報酬表現

年份	美國長期公債	美國中期公債	美國10年公債	美國投資等級債券	美國高收益債券
1983	-1.29%	5.22%	2.30%	N/A	15.87%
1984	16.24%	15.01%	14.87%	N/A	7.74%
1988	9.15%	5.26%	6.90%	N/A	13.56%
1989	17.93%	14.52%	17.84%	N/A	1.89%
1994	-7.04%	-4.33%	-7.19%	N/A	-1.71%
1995	30.09%	20.44%	25.55%	N/A	19.15%
1999	-8.66%	-3.52%	-7.83%	N/A	2.49%
2000	19.72%	14.03%	17.28%	N/A	-0.88%
2004	7.12%	3.40%	4.50%	5.72%	8.52%
2005	6.61%	2.31%	3.01%	1.16%	2.77%
2006	1.74%	3.14%	2.19%	4.22%	8.24%
2015	-1.54%	1.50%	1.12%	-1.25%	-1.40%
2016	1.21%	1.19%	1%	6.21%	11.21%

資料來源：

Short Term Treasuries；FRED Interest Rate Data（2-year maturity）1977-1991；
Vanguard Short Term Treasury Fund（VFISX）1992+；

Intermediate Term Treasuries；FRED Interest Rate Data（5-year maturity）1972-1991；Vanguard Intermediate-Term Treasury Fund（VFITX）1992+；

Long Term Government Bonds；FRED Interest Rate Data（30-year maturity）1978-1986；Vanguard Long Term Treasury Fund（VUSTX）1987+；

Corporate Bonds；iShares Investment Grade Corporate Bond ETF（LQD）2003+；

Long Term Corporate Bonds；Vanguard Long-Term Investment Grade Fund（VWESX）1974+；

High Yield Corporate Bonds；Vanguard High Yield Corporate Fund（VWEHX）1979+

在經歷升息的 12 個年分中，除了 1983、1994、1999、2015 年債券資產的投資報酬為負，其餘皆為正報酬。而在 1994 年經歷所謂的「債券大屠殺」，最高的跌幅也只不過 7 個百分點。跟股市大跌比起來，其實也沒有想像中的那麼可怕，而且隨後在 1995 年，債券資產報酬又開始暴增，漲幅高於 1994 年跌幅數倍。

若是 6 次升息的期間來看，除了 2015 年升息這階段還不知道結果會如何，其餘 5 個階段都是以正報酬收場。

▼ 美國聯準會升息期間，債券資產的投資表現

年份	美國長期公債	美國中期公債	美國 10 年公債	美國投資等級債券	美國高收益債券
1983-1984	7.11%	10.01%	8.40%	N/A	11.73%
1988-1989	13.46%	9.79%	12.24%	N/A	7.57%
1994-1995	9.97%	7.35%	7.94%	N/A	8.22%
1999-2000	4.57%	4.89%	3.97%	N/A	0.79%
2004-2006	5.13%	2.95%	3.23%	3.68%	6.47%
2015-2017	-1.54%	1.50%	1.12%	-1.25%	-1.40

資料來源：

Short Term Treasuries；FRED Interest Rate Data（2-year maturity）1977-1991；Vanguard Short Term Treasury Fund（VFISX）1992；Intermediate Term TreasuriesFRED Interest Rate Data（5-year maturity）1972-1991；Vanguard Intermediate-Term Treasury Fund（VFITX）1992+；Long Term Government Bonds；FRED Interest Rate Data（30-year maturity）1978-1986；Vanguard Long Term Treasury Fund（VUSTX）1987+；Corporate Bonds；iShares Investment Grade Corporate Bond ETF（LQD）2003+；Long Term Corporate Bonds；Vanguard Long-Term Investment Grade Fund（VWESX）1974+；High Yield Corporate Bonds；Vanguard High Yield Corporate Fund（VWEHX）1979+

第四章

所以升息真的就要把債券賣掉嗎？恐怕不是這樣。

債券對我來說是「資產配置」的一部分，也是不可缺少的重要元素之一，而不是一遇到升息就把它賣掉，或是轉移到其它資產，有哪個人可以確定升息後股市就不會大跌嗎？

投資朋友還是要堅持自己當初所計劃的配置，不要讓外界的雜訊來干擾你的投資計劃。

🔍💲 做好投資組合，如果第一天就遇到市場大跌？

開始投資就遇到市場大跌怎麼辦？我相信這是很多投資人想問的，我們先把時間拉到 2000 年 1 月，假設你很「幸運」的從 2000 年開始投資，那麼恭喜你，一開始投資就遇到科技泡沫，隨後還有 2008 年金融海嘯，與 2011 年的歐洲金融危機，這些事件迫不及待要把投資人生吞掉。

有許多投資人乾脆在 2000 年至 2015 年這 16 年間整個放棄股市，轉為定存、保險或是持有現金。因為對他們來說市場太動盪不安，他們更怕好不容易存到的退休金整個賠掉。

而事實上，「市場波動很正常」，只要你堅持到底，波動有時會是最好的朋友，對年輕人亦是，只要緊守紀律，不跟隨市場，長期投資，適度分散風險，如果投資人從 2000 年開始投資，雖然經過兩次股災，但是到 2017 年來說，投資人的投資都轉為正報酬。

假設你在 2000 年開始投資 5,000 美元於 SPY（美國市場 ETF），並且在往後的日子都不再增加投資金額，那麼雖然經過兩次金融風暴，至 2017 年，這 17 年之間仍有 4% 的年化報酬率。

▼ 2000 年投資 5,000 美元於 SPY，至 2017 年之投資結果

期初金額	期末金額	年化報酬	標準差	最好一年	最差一年
5000	15637	7.68%	14.69%	33.45%	-36.98%

資料來源：作者整理

　　另一個例子，假設你了解市場本來就是波動的，因此你一開始就打算以定期定額的方式進行投資。因此從 2000 年開始，你不但投資 5,000 美元於 SPY，而且你非常守紀律的每年增加投資 1,000 美元。經過 16 年後，你的年化報酬是 6.49%，而你累積了 45,684 美元的資產。

　　這個例子我們可以看到「平均成本」的好處，不管市場位於高或低，只要你持續投資，有時投資在高點，有時投資在低點，自然可以把你投資的成本「平均」。

▼ 2000 年投資 5,000 美元於 SPY，
並每年增加 1,000 美元至 2017 年之投資結果

期初金額	期末金額	年化報酬	標準差	最好一年	最差一年
5000	54696	8.55%	14.69%	33.45%	-36.98%

資料來源：作者整理

所以即使在股票的最高點你將資金投入，只要你可以忍得住市場波動度，基本上市場都不會給你太差的回報。但是上述例子為美國市場，以長時間來看美國市場一直處於長期向右上發展的趨勢，只是我們不知道他還可以維持多久。

　　此外！投資人還是避免單壓個別市場及產業，畢竟不同的市場表現還是大不相同，萬一投資人遇到像是日本一樣，失落的十年，那麼事後肯定會十分後悔單壓個別市場。

　　我相信投資人只要「分散投資、降低風險、長期持有」及使用指數化投資工具，相信都能取得不錯的成績。

　　很多人認為如果在退休生活中遇到像是 2008 年金融海嘯，那不是把一輩子存的錢都賠光了？可是這是真的嗎？

　　假設一位已經工作 30 年的勞工朋友存了 1,000 萬元，準備在 65 歲退休，這位勞工朋友一年開銷需要 40 萬。

　　這 1,000 萬元中，160 萬放在身邊當預備金。（各種國家提供的退休金不列入討論）因此投入 840 萬。

　　很不幸的，他在 2008 年股市崩盤前進行布局。

　　他布局的方式，股票占 40％，債券占 60％。股票部分他投資以下 ETF：VTI、VGK、VPL、VWO；債券部分投資：IEI、BWX。

▼ 某退休人士在 2008 年股市崩盤前的投資布局及 至 2016 年末的投資結果

Ticker	Name	Allocation
VTI	Vanguard Total Stock Market ETF	10%
VGK	Vanguard FTSEEuropean ETF	10%
VPL	Vanguard FTSE Pacific ETF	10%
VWO	Vanguard FTSE Emerging Markets ETF	10%
IEI	iShares 3-7 Year Treasury Bond ETF	30%
BWX	SPDR Bloomberg Barclays Intl Treasury Bd	30%

資料來源：作者整理

年份	股 100% 對照	提領金額	預備金 160 萬	股債 40:60 年報酬	所剩金額
2008	-42.10%	無	120 萬	-11.73%	7,412,468
2009	35.52%	無	80 萬	16.83%	8,662,571
2010	12.94%	80 萬	120 萬	8.90%	9,433,539- 800,000=8,633,539
2011	-13.36%	無	80 萬	-0.64%	8,578,284
2012	16.26%	無	40 萬	9.55%	9,397,510
2013	15.96%	80 萬	80 萬	5.45%	9,029,674- 800,000=9,109,674
2014	-0.61%	無	40 萬	0.25%	9,132,448
2015	-4.54%	80 萬	80 萬	-3.05%	8,053,908
2016	5.32%	無	40 萬	3.56%	8,340,627

資料來源：作者整理

在 2008 年如果投資人 100% 資金都在股市中，他會損失
42.10%，而股債 40:60 只會損失 11.73%，在 2008 年投資 840 萬，
年末剩下 741 萬。

而在 2009 年不但已經把損失全部都補回來，還比當出投資金
額 840 萬多了 26 萬。

這位勞工朋友在 2 年後也就是在 2010 年末，領了 80 萬再補足
生活費，2010 年末還剩 863 萬。到 2013 年末他又領了 2 年生活費
80 萬，而在 2013 年末他的投資金額還有 910 萬。

一直到 2015 年末他所剩金額還有 805 萬，中間已經提領了 3
次生活費，也就是 240 萬。

**等於說在這 9 年，期初投資 840 萬，到 2016 年末會得到 1070
萬左右（加已提領 3 次 =240 萬），相當於總報酬 27.38%，9 年年
化報酬為 2.73%。**

所以在退休生活中遇到金融海嘯有很可怕嗎？**其實你只要有良
好的資產配置（把資金投資於全球市場）及預留生活費**，隨著年齡
的增加開始把風險降低，也就是開始把債券部分慢慢的提高，退休
的投資人真的不用害怕。

**投資人遇上市場鉅大的變化時要怎麼做？ 2016 年川普當選，
給大家很好的啟發。**

2016 年 11 月 8 日舉辦的美國大選，選舉結果著實讓全世界都
跌破眼鏡，投資人在面對這些不安因素時最好要怎麼面對與處理？

其實什麼都不做就是最好的應對方式。

這次川普成為美國總統不少金融業者嚇出了一身冷汗，同時在金融市場當下也給出相當大的反應，媒體紛紛報導川普當選後會影響金融市場有多嚴重，或是將來會有多慘。

而一堆投資人又一窩蜂買進可以避險的資產，能逃則逃，如果你是聰明理智的投資人，相信一定抱著看好戲心態，在看各家媒體焦慮的發出各種危言聳聽的警告。

在開票時美國三大指數期貨早已經跌了約 4.2% ～ 5% 之間，金融市場已經反應川普當選總統的慘況，甚至一度還熔斷，其中又以日本股市下跌 5.4%，台灣當天也跌了 3% 左右，但是才短短一天內，大部分股市都已經回升至之前高度。

美股晚間開盤時，川普已經確定入主白宮，美期貨已經回穩不少，而在開盤後美股由黑翻紅，我一直在想，在看到川普快當選時那種不安感迫使投資人紛紛把股票賤賣，而最終美國股市收盤漲幅都在 1% 以上，那些看新聞做投資的投資人，應該心裡非常不好受。

第四章

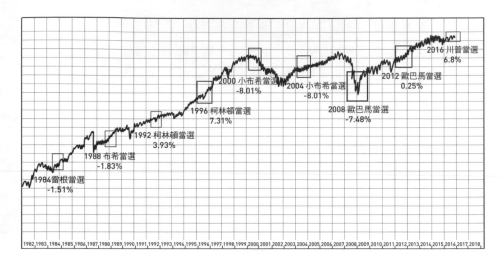

▼ 1984 年至 2016 年美國大選後一個月美國 S&P500 報酬

2016 川普當選
6.8%

2012 歐巴馬當選
0.25%

2000 小布希當選
-8.01%

2004 小布希當選
-8.01%

2008 歐巴馬當選
-7.48%

1996 柯林頓當選
7.31%

1992 柯林頓當選
3.93%

1988 布希當選
-1.83%

1984雷根當選
-1.51%

1982,1983,1984,1985,1986,1987,1988,1989,1990,1991,1992,1993,1994,1995,1996,1997,1998,1999,2000,2001,2002,2003,2004,2005,2006,2007,2008,2009,2010,2011,2012,2013,2014,2015,2016,2017,2018

資料來源 :MARKET SMITH

　　從 1984 年到 2016 年，共歷經 9 次美國大選，美國標準普爾指數（S&P500）指數在 11 月的投資報酬，其中正報酬為 5 次，負報酬為 4 次，除了 2000 年、2008 年本來市況就不好，其實總統大選對整個美國股市也沒有什麼特別的影響。

　　據彭博彙編更久的數據，從 1928 年以來的 22 次大選中，標普 500 指數有 15 次在大選日的次日下跌，平均跌幅為 1.8%，但其中有 9 次股市之後發生逆轉，於未來 12 個月上漲，總統大選看似影響重大，但是對股市而言，頂多只能創造一時的小波動。

　　看新聞做投資，或是因應誰當選來挑選基金或是產業，我想這都不是好選擇，投資人應該不要被任何雜訊干擾，努力保持自身規劃許久的投資配置，不任意更換標的，才是上上策。

在準備自己的投資計劃時，一方面不要太擔心市場的風風雨雨，不過在計劃時也不要把投報估的太高了。通常我們看到股票基金成長 12% 的報酬率，都會想著假如我放 100 萬成長 12%，也就是變成 112 萬，這基本上沒有什麼問題。

但是我相信大部分的人都是慢慢累積資產放進去，假設投資人如果看到那種年化報酬下來有 10% 的基金或是股票先不用太開心，因為「除非你是在那一年一次放進一大筆資金」，不然多年平均下來不太可能有那樣漂亮的報酬率。所以估算自己的投資積效時，考量資金是分期投入的事實，會比較準確。

以下以實例說明：

假設投資人在從 2006 年投入 3,000 美元在以下 4 支 ETF（每支 750 美元，也就是各占總資金的 25%），到 2017 年 2 月底為止，期間不再投入資金，但是每年都再平衡。

Vanguard Total Stock Market（整體股市 ETF）

Vanguard FTSE Europe （FTSE 歐洲 ETF）

Vanguard FTSE Pacific（Vanguard FTSE 亞太平洋）

Vanguard FTSE Emerging Markets （FTSE 新興市場）

從 2006 年到了 2017 年 2 月，這樣的單筆投資從 3,000 美元成長到 5,332 美元，年化報酬為 5.29%，不要忘記其中還經歷過 2008 年的金融大海嘯，這樣的報酬率算是不錯了。

如果每年再投資入 3,000 美元，同樣的，也以再平衡處理，那年化報酬降為 5.10%。總報酬也從 85.6% 下降為 81.6%，差了 4% 左右。雖然沒有很多，但是中間還不包含匯款費用等支出，所以實際上報酬率會更低。

🔍 2016 年重要美股 ETF 年度報酬

以下我我們來看看在2016年各具有指標性的美股ETF的表現。

▼ 美國市場 ETF 2016 年報酬

美國市場 ETF	股票代號	績效
Vanguard 整體股市 ETF	VTI	12.68%
Vanguard 標普 500 指數 ETF	VOO	11.93%
SPDR 標普 500 指數 ETF	SPY	1.80%
iShares 核心標普 500 指數 ETF	IVV	11.90%
Guggenheim 標普 500 平均加權指數 ETF	RSP	14.34%
元大標普 500 基金	00646	7.68%

資料來源：美國晨星

美國市場還是以「美國整體市場」的 VTI 表現最好，他不但比追蹤 S&P500 指數的 SPDR 公司 ETF SPY 持股的範圍更大又更廣，還包含美國市場約 7600 多支股票，中小型股涵蓋也更全面，更可以達到追蹤美國全市場的宗旨，而 VTI 在 2016 年報酬來到 12.68%。

值得一提的是元大標普 500 剛好在 2016 年底成立滿一年，但是報酬只有來到 7.68%，跟同是追蹤標普 500 表現最好的 VOO 報酬率差了 4.25%，當然這跟匯率也有關係，但是還是有點差距。

以地區來看北美、歐洲、亞太、新興市場四大市場中，表現最好的是新興市場的 11.75%。

▼ Vanguard 各地區 ETF 表現

Vanguard 各地區 ETF 表現	股票代號	績效
Vanguard 全世界股票 ETF	VT	8.77%
Vanguard FTSE 歐洲 ETF	VGK	-0.59%
Vanguard FTSE 太平洋 ETF	VPL	5.31%
Vanguard FTSE 新興市場 ETF	VWO	11.75%
Vanguard FTSE 美國以外全世界 ETF	VEU	4.77%
Vanguard 總體國際股票 ETF	VXUS	4.72%

資料來源：美國晨星

在這些投資人較常使用的 ETF 產業中，能源類股、金融業股
為 2016 年為表現最佳。

▼ 產業 ETF 表現

各產業 ETF 表現	股票代號	績效
Vanguard 不動產投資信託 ETF	VNQ	8.35%
Vanguard 全球不含美國房地產 ETF	VNQI	1.76%
Vanguard 非必需消費類股 ETF	VCR	6.64%
Vanguard 必需性消費類股 ETF	VDC	6.31%
Vanguard 健康照護類股 ETF	VHT	-3.33%
Vanguard 金融類股 ETF	VFH	24.69%
Vanguard 公用事業類股	VPU	17.52%
SPDR 能源類股 ETF	XLE	27.95%
PowerShares 納斯達克 100 指數 ETF	QQQ	7.01%
SPDR 黃金 ETF	GLD	8.69%

資料來源：美國晨星

債券部分更可以看到，即使早就知道會升息，但是債券不一定會因為升息而下跌，不管是短、中、長期債券在 2016 年都是正報酬。

▼ 債券 ETF 表現

各債券 ETF 表現	股票代號	績效
Vanguard 短期抗通膨債券 ETF	VTIP	2.69%
SPDR 彭博巴克萊國際政府債券 ETF	BWX	1.03%
iShares 3-7 年期美國公債 ETF	IEI	1.22%
Vanguard 總體債券市場 ETF	BND	2.57%
Vanguard 總體國際債券 ETF	BNDX	4.67%
Vanguard 長期債券 ETF	BLV	6.52%
iShares 20 年期以上美國公債 ETF	TLT	1.36%

資料來源：美國晨星

第五章
Chapter 5

投資全世界，
不知從何開始？
何不用我的方法，
踏出你的第一步！

第五章
Chapter 5

投資全世界，不知從何開始？

何不用我的方法，踏出你的第一步！

　　看了那麼多有關 ETF 的介紹，也許你最大的疑問是，我要如何展開第一步？本書提供你幾種投資組合，你可以依你的年齡進行選擇。當然布局完成後，不要忘了定時再平衡。

🔍 不同的年齡，資產如何做分配

　　投資路上主要風險不外乎以下幾點：通貨膨脹帶給本金上的侵蝕；選股失敗；基金經理人表現不良；高成本投資費用等。這些風險因素裡通貨膨脹無法避免，因此投資人就必須排除其他可控制的因素，提升投資成功的機率。而資產配置，則在風險的控制上，有重大的作用。

　　年齡是決定資產配置的最重要因素，年輕人與中年人或是老年人，因為可投資的時間及生活型態不同，因此著重的資產自有不同。

▼ 不同年齡的資產配置建議

年齡	保守型	積極型
20-40 歲	現金 10% 股票 70% 債券 20%	現金 5% 股票 95% 債券 0%
41-60 歲	現金 20% 股票 50% 債券 30%	現金 10% 股票 75% 債券 15%
60 歲以上	現金 25% 股票 25% 債券 50%	現金 15% 股票 55% 債券 30%

資料來源：作者整理

以 20 至 40 歲年紀的人來說，建議以股票為投資主力。因為未來的投資年限很長，再加上股息再投入的複利效果，通常都會有著不錯的成效。

對 41 至 60 歲的人們來說，小朋友教育金及房貸壓力，使支出的壓力極大。因此現金部位會稍為提高，不過股票的配置仍不宜少於 50%，以累積退休準備。

到了 60 歲以上或是更高歲數以上，要以現金及債券為主。

Vanguard 曾經以不同的股債資產配置比進行研究，比較同一時期內股債分別是 80 ／ 20 與 40 ／ 60，投資報酬的 3 年年化標準差，很明顯可以看出在股債比 80 ／ 20 時，投資績效波動較大。

第五章

對於即將退休的投資人來說，**穩定的收益遠比高報酬高低來的重要。**

▼ 不同股債比時投資績效的波動性

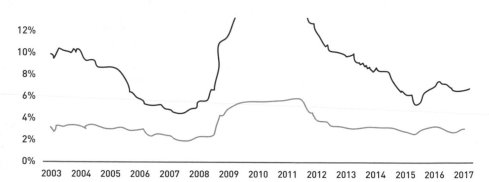

■ 20／80股債基準指數	■ 60／40股價基準指數

投資人要謹記一旦做出投資計劃，就盡量不要因為外在的雜訊而隨意更改或是中斷，並且不要忘記每隔一段時間進行再平衡的重要，一旦有了計劃就努力執行並且貫徹到底。

有資金不妨一次大筆投入

對大部分投資人而言，是靠著不斷累積資產，逐次的投入金融市場。但今天如果你有一筆錢可以一次性投入，你可能就會想，我到底是要一筆一次性投入或是分次投入好？

如果你有一筆資金可以一次性投入，那麼以理論上來說應該盡早參與市場，並且進行 10 年以上的長期投資。不過這種投資對人性來說是極具挑戰的，大多是因為害怕一投入後就遇到市況不好，更不用說萬一市況不好還持續好幾年。

一筆一次性投入會好過於分次投入，關鍵原因就在於他可以提高股息的增長與資本利得，進而取得複利累積，而不是把剩餘現金閒置，但是一次性投入也會冒著虧損的可能性。

　　一次性投入前提，是你要相信市場會隨著時間增長，利用這種方法只要投資時間越久，成功的機會也會大增，基於人類金融歷史不斷進步來看，的確是如此。

　　而分次投資會讓投資人覺得較為合理，心理壓力也不會那麼大，也許你可能會買在你設定時間的平均數，但是這樣做並不能讓你有股息或資本利得的複利最大化，當然如果市況不好的話，你較不會後悔你那麼做。

　　Vanguard 在 2017 年初也有類似的研究及新聞，「如何投資一筆意外之財」（https://www.vanguard.com.hk/portal/articles/research/vanguard-voices/how-to-invest-a-windfall.htm）。

第五章

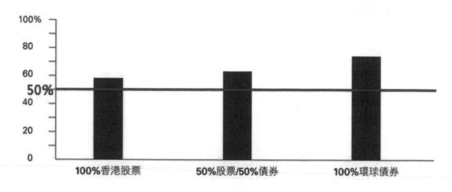

▼ 一筆一次性投資在不同資產成功機率多半超過 50%

資料來源：Vanguard

　　Vanguard 研究指出（見上圖）一次性投入會比平均分次投入有較高機率可以取得更好的回報，以香港、美國或是其他國家的股票及債券組合來說，都支持這樣理論，一次性投入成功機率都超過 50% 以上。

　　不過如果因此而害怕將一筆性投資，分成 1 至 2 年或更久期間投入或更久，我想也無法減低太多波動性，甚至可能也會錯失上漲的可能性，**所以當你認為你的資產配置計劃是健全的，也相信人類金融市場與生活是會持續進步的，那麼你應該一次性投入金融市場，並且要有長期持有的心理準備。**

💲 讓你買在高點賣在低點：再平衡

　　很多長期投資人應該都有一個困擾，那就是什麼時間點需要再平衡與多久執行一次？另外，有人會問，真的有必要再平衡嗎？

長期來講，風險較高的資產會比風險較低的資產成長較快，導致投資組合會偏離當初所設定的方向，各資產類別會產生不同的回報，而重新再平衡可以回到投資人當初所設定的原有規劃及風險特性。

▼ 1926-2014 年每年再平衡與完全不平衡統計獲利及波動統計：
以 50% 資金投資於世界股票，50% 資金投資於世界債券計算

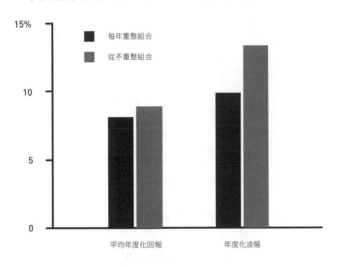

資料來源：Vanguard

　　一點都不意外，在以上 89 年間，如果不進行再平衡，雖然年化報酬述較高，為 8.9%（再平衡則為 8.1%）。但是其波動率高 13.2%，明顯波動變更大，而報酬卻只多了 0.8 個百分點。

　　再平衡的好處就是可以控制風險，有助於投資人在市況低迷時不會隨著資產劇烈變化，而做出衝動不理智行為，還有強健自身的心理因素等等優點。

但如果投資人唯一的目標就是取得最大報酬，而心理因素也完全不影響整個投資行為，也完全無視任何風險，那麼應該直接選擇 100% 股票，但是並不推薦那麼做，因為人往往都會高估自己的風險承受度，而做出不可挽救之憾事。

我們再以下列案例來說明進行再平衡與否對投資績效的影響。投資期間為 1972 年至 2015 年這 43 年，投資組合為美國市場 40%、世界股票市場 30%、中期債券 30%。

▼ 不進行再平衡

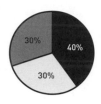

● 美國股票市場
○ 國際股票市場
● 中期債券

美國股票市場	40.00%
國際股票市場	30.00%
中期債券	30.00%

年複合成長率	標準差	表現最好的一年	表現最差的一年	最大跌幅
9.80%	12.72%	35.64%	-24.05%	-25.20%

▼ 進行再平衡

● 美國股票市場
○ 國際股票市場
● 中期債券

美國股票市場	40.00%
國際股票市場	30.00%
中期債券	30.00%

年複合成長率	標準差	表現最好的一年	表現最差的一年	最大跌幅
9.43%	14.93%	37.47%	-34.53%	-54.53%

資料來源：AQR US MKT Factor Returns 1972-1992（AQR Data Sets）；Vanguard Total Stock Market Index Fund（VTSMX）1993+；AQR Global ex US MKT Factor（AQR Data Sets）1986-1996；Vanguard Total International Stock Index Fund（VGTSX）1997+；FRED Interest Rate Data（5-year maturity）1972-1991；Vanguard Intermediate-Term Treasury Fund（VFITX）1992+）

就以上案例來看，進行再平衡不但報酬率高，穩定度也大。進行再平衡年化報酬為 9.8%，標準差為 12.77%，損失最多的一年為 25.2%；不進行再平衡年化報酬為 9.43%，標準差為 14.93%，最大損失一年為 34.53%。

做再平衡這件事，會讓強迫你的投資組合買低賣高，而這**也正考驗了投資人情緒掌控、紀律以及耐心。這 3 項都是長期成功投資人缺一不可的條件。**

接下來我們要談的是，投資人多久該執行再平衡，或是還有其他方法可以調配平衡你的資產方法。

Vanguard 研究指出，投資人除了用「時間」來執行再平衡，譬如每個月、每一季、每一年以外也可以，或是再用「配置比重」的方法來調整。你可以設定一個範圍，當其中有一項資產偏離了你當初的目標，如 5% 或是 10%，訂一個天花版，只要一碰到你就該考慮是否要將資產再平衡，但是缺點就是要常常檢查自己的投資組合。

所以看自己適合哪一種方法，依個人喜好進行規畫。**此外，投資人還是要注意交易成本的問題，有時小規模的調整會使手續費的比重放大。**

第五章

	每月				每季			每年			從不檢視
偏離目標配置	0%	1%	5%	10%	1%	5%	10%	1%	5%	10%	不適用
平均股票配置比重	50.1%	50.1%	51.2%	52.2%	50.2%	50.9%	51.0%	50.6%	51.2%	52.4%	80.6%
年度周轉率	2.6%	2.3%	1.6%	1.3%	2.1%	1.5%	1.2%	1.7%	1.6%	1.5%	0.0%
重整組合次數	1,068	423	64	24	227	50	22	79	36	19	0

資料來源：Vanguard 研究

由 1926 年至 2014 年這 89 年的研究（見上表）可以知道，其實每月、每季、每年進行再平衡基本上差異化都很小，並沒有哪個方法特別有效，平均年化報酬每月、每季、每年進行再平衡也都落在 8% ～ 8.3%，而波動也是從 9.8% 至 10.2%，並無明顯差異。

但是如果你是從不再平衡的投資人，雖然報酬是最高的 8.9%，不過那是隨著時間長期變化，股票比重與風險逐漸增加下所換來的，從不再平衡的波動達到 13.2%，與另外 3 種相差了約 3 個百分點，其實不太划算。

何不由費用率最低的 ETF 開始？

首先我們為什麼要投資 Vanguard？很多投資朋友都會問我投資海外 ETF 難道一定都要用 Vangyard 嗎？難道沒有其他選擇

嗎？這個問題我都會回答，如果沒有特別的因素，非要用特定的 ETF，否則一樣的標的有 Vanguard 就用 Vanguard 吧，為什麼？

其實就是因為他有效率！什麼叫效率？你只要比較其他 ETF 的費用和績效就可以了，其他 ETF 不是不好，但是 Vanguard 就是懂投資人需要什麼，一點都不用譁眾取寵。Vanguard 自己本身也沒有出太多策略型 ETF，它以發行範圍廣大的股票型 ETF 為主，更何況你買了他們的 ETF，也就是間接成為他們的股東。

公司有利益當然一定優先回饋在股東身上，因此長期下來，Vanguard 隨著基金資產規模擴大，也不斷調整旗下的基金費用。投資 ETF 所花費的費用越低，你所得到的報酬自然也就越大，千萬別小看這一滴滴的費用，長期投資下來可是非常可觀的。

再者，往往我知道很多投資朋友都會與其他基金發行商做一個比較，最近就有網友問到，Vanguard 的全世界股票 ETF（股票代號 VT）與 iShares 核心積極配置 ETF（股票代號 AOA），哪個比較好。

如果你單純比較近 8 年的話，AOA 是比 VT 多了 0.3%。但是以 VT 來說，不管是資產規模及平均交易量都來得比 AOA 好太多了，VT 費用也便宜許多，只有 0.14%。再者 VT 更涵蓋了規模更小的小型股，市場涵蓋較完全。基於這些重大的理由，即使 AOA 績效再好，要長期投資我絕對還是會選擇 VT，而不是 AOA，畢竟 AOA 跟 VT 還是屬於不同類型的 ETF。

Vanguard 因為不斷的調降費用，長期以來的績效有目共睹。他們一直不斷的調降費用，讓他們也比其他基金公司更具有優勢。

第五章

▼ Vanguard 旗下基金打敗基他基金的比例：以 1 年期、3 年期、
5 年期、10 年期投資積效進行比較

	1 年	3 年	5 年	10 年
所有 Vanguard funds	77% Vanguard 基金 364 支基金中有 280 支基金優於同業平均水平，而同類類別共有 21,110 支基金。	95% Vanguard 基金 338 支基金中有 322 支基金優於同業平均水平，而同類類別共有 17,601 支基金。	89% Vanguard 基金 319 支基金中有 284 支基金優於同業平均水平，而同類類別共有 14,753 支基金。	92% Vanguard 基金 224 支基金中有 206 支基金優於同業平均水平，而同類類別共有 9,399 支基金。
貨幣市場基金	100% Vanguard 基金 10 支基金中有 10 支基金優於同業平均水平，而同類類別共有 525 支基金。	100% Vanguard 基金 10 支基金中有 10 支基金優於同業平均水平，而同類類別共有 494 支基金。	100% Vanguard 基金 10 支基金中有 10 支基金優於同業平均水平，而同類類別共有 486 支基金。	100% Vanguard 基金 10 支基金中有 10 支基金優於同業平均水平，而同類類別共有 411 支基金。
股票基金	82% Vanguard 基金 209 支基金中有 172 支基金優於同業平均水平，而同類類別共有 12,316 支基金。	96% Vanguard 基金 204 支基金中有 195 支基金優於同業平均水平，而同類類別共有 10,510 支基金。	91% Vanguard 基金 199 支基金中有 181 支基金優於同業平均水平，而同類類別共有 8,990 支基金。	89% Vanguard 基金 137 支基金中有 122 支基金優於同業平均水平，而同類類別共有 5,988 支基金。
債券基金	64% Vanguard 基金 106 支基金中有 68 支基金優於同業平均水平，而同類類別共有 4,357 支基金。	93% Vanguard 基金 98 支基金中有 91 支基金優於同業平均水平，而同類類別共有 3,694 支基金。	84% Vanguard 基金 85 支基金中有 71 支基金優於同業平均水平，而同類類別共有 2,902 支基金。	94% Vanguard 基金 54 支基金中有 51 支基金優於同業平均水平，而同類類別共有 1,703 支基金。
平衡基金	77% Vanguard 基金 39 支基金中有 30 支基金優於同業平均水平，而同類類別共有 3,912 支基金。	100% Vanguard 基金 26 支基金中有 26 支基金優於同業平均水平，而同類類別共有 2,903 支基金。	88% Vanguard 基金 25 支基金中有 22 支基金優於同業平均水平，而同類類別共有 2,375 支基金。	100% Vanguard 基金 23 支基金中有 23 支基金優於同業平均水平，而同類類別共有 1,297 支基金。

資料來源：Vanguard

這邊可以看到不管是 Vanguard 全部的基金，或是貨幣市場、股票市場、債券市場、與平衡式基金，基本上持有 1 年最少都有 60% 以上可以打敗同類型基金，持有 3 年以上更是高達有 9 成以上會贏過同類型基金，若是時間拉到 10 年以上，則有著 89% 以上勝率贏過同類型基金。

所以當很多投資朋友問我為什麼要投資 Vanguard，我想這應該就是最好的答案。

🔍 5 種投資全球股市的方法

方法 1

全世界股票（ETF Vanguard Total World Stock；美股代號：VT）

總開支比率費用僅 0.14%。

VT 於 2008 年 6 月 24 日成立，涵蓋了全球約 98％的可投資市場，約 50％的資金投資美國股票市場，40％投資國際股票與新興市場股票，其餘 10％。

▼ 2009 年至 2016 年 VT 與 SPY 走勢報酬圖

Portfolio Growth

SPY
VT

資料來源：
AQR US MKT Factor Returns 1972-1992（AQR Data Sets）；Vanguard Total Stock Market Index Fund（VTSMX）1993+；AQR Global ex US MKT Factor（AQR Data Sets）1986-1996；Vanguard Total International Stock Index Fund（VGTSX）1997+）
註：SPY 是追蹤美國標普 500 的 ETF

　　2009 年至 2016 年這 8 年間，VT 年化報酬為 10.39%，SPY（代表美國市場）則為 14.36%，8 年間 VT 報酬落後美國市場 3.97 個百分點，這也說明了從 2009 年至 2016 年這段時間，其他的國際市場相對沒有美國市場表現的那麼亮眼。

　　但是投資人還是盡量避免重壓於單一市場國家，因為誰也不知道表現好的國家是否持續表現亮眼，「金融資產總是有著回歸平均值的表現」。

▼ 2009 年至 2016 年 VT 績效

年份	2009	2010	2011	2012	2013	2014	2015	2016
績效	32.65%	13.08%	-7.50%	17.12%	22.95%	3.67%	-1.86%	8.77%

資料來源：美國晨星

▼ 2009 年至 2016 年 VT ／定期定額／報酬率

	報酬率	每年增加金額	期末金額
2009	32.65%	3000	9714
2010	13.08%	3000	14112
2011	-7.50%	3000	16274
2012	17.12%	3000	22336
2013	22.95%	3000	30788
2014	3.67%	3000	35269
2015	-1.86%	3000	37988
2016	8.51%	3000	44668
8 年年化報酬	10.39%		
8 年標準差	16.33%		

資料來源：美國晨星

假如投資人在 2009 年期初投資 5,000 美元，每年再投資 3,000 美元，並且再進行再平衡，在 2016 年末會成長到 44,668 美元，8 年時間，這種最簡單的全球配置，可以拿到 10.39% 的年化報酬率，表現非常亮眼。

但是這 8 年時間也是美國大多頭時間，而 VT 投資於美國的比重也是最重，如果投資人想簡單投資於全球，以 VT 的內扣費用與效率來說的確是不錯的選擇。

第五章

另一種投資全球的配置，用的標的是 VTI+VEU，VTI 這支 ETF 代表美國市場，而 VEU 是投資除了美國市場以外全球 ETF。

方法 2

美國整體股市（Vanguard Total Stock Market；美股代號：VTI）

美國以外全世界（ETF Vanguard FTSE All-World ex-US ETF；美股代號：VEU）

VTI 的內扣費用為 0.04%，而 VEU 內扣費用為 0.13%。

假如從 2009 年期初一直到 2015 年末，在這兩個資產投入 5,000 美元，並且每年再持續投入 3,000 美元並每年再平衡，2015 年末投入 VTI 資產會成長到 46,454 美元，而 VEU 則為 32,098 美元。

VTI 與 VEU 投資比重，從 90 ／ 10 配置一直到 30 ／ 70，可以清楚看到完整報酬。從 2009 年期初投資 3,000 美元，以 VTI+VEU，90 ／ 10 這個配置來說，每年再投資 3,000 美元，再進行再平衡，到了 2016 年末會有 47,917 美元的價值，相當於年化 12.29%。

我們可以看到在加入 VEU 後，隨著 VEU 比重增加，標準差也慢慢增加，VTI+VEU 在過去 8 年來，是輸給美國市場的，不過，這是投資全球的成果，而不是押單一國家的成果，所以風險已經大大降低。

▼ 2009 年至 2016 年 VTI 年度績效

年份	2009	2010	2011	2012	2013	2014	2015	2016
績效	28.82%	17.26%	1.06%	16.41%	33.51%	12.56%	0.40%	12.68%

資料來源：美國晨星

▼ 2009 年至 2016 年 VEU 度績效

年份	2009	2010	2011	2012	2013	2014	2015	2016
績效	38.89%	11.85%	-14.25%	18.55%	14.56%	-4.05%	-4.67%	4.77%

資料來源：美國晨星

▼ 2009 年至 2016 年以不同比重投資 VTI 與 VEU ／ 定期定額／再平衡／報酬率

	年化報酬	標準差	每年增加金額	期末金額
SPY	13.05%	14.07	3000	49443
VTI+VEU				
90/10	12.29%	14.78%	3000	47917
80/20	11.35%	15.05%	3000	46095
70/30	10.41%	15.37%	3000	44338
60/40	9.46%	15.74%	3000	42642
50/50	8.5%	16.14%	3000	41008
40/60	7.54%	16.58%	3000	39433
30/70	6.57%	17.06%	3000	37916

資料來源：AQR US MKT Factor Returns 1972-1992（AQR Data Sets）；Vanguard Total Stock Market Index Fund（VTSMX）1993+；AQR Global ex US MKT Factor（AQR Data Sets）1986-1996；Vanguard Total International Stock Index Fund（VGTSX）1997+）

第五章

方法 3

　　用 ETF 投資全球的第三種配置是 VTI+VXUS，VTI 代表美國市場，VXUS 為除美國以外全球市場，VXUS 的投資項目包括全球一半的股票，其投資組合的 20％投資於新興市場（包括台灣和韓國），而 VXUS 與 VEU 最大的差別在於 VXUS 對中小型股有更高的比重。

　　美國整體股市（Vanguard Total Stock Market；美股代號：VTI）

　　總體國際股票 ETF（Vanguard Total International Stock ETF；股票代號：VXUS）

　　VTI 的內扣費用為 0.04％，而 VXUS 內扣費用為 0.11％。

　　由於 VXUS 成立於 2011 年 1 月 26 日，從 2012 年至 2016 年這 5 年期間，美國市場股市（SPY）總報酬贏過 VTI 與 VXUS 的投資組合。在 2012 年期初分別投入 SPY 與 VTI、VXUS 組合 3,000 美元，並且每一年持續投入 3,000 美元，並進行再平衡。2015 年末這兩種組合年化報酬分別為 12.46％ 及 11.47％，資產成長 SPY 為 25,377 美元，而 VTI+VXUS 為 24,759 美元。

採用定期定額及再平衡

	年化報酬	標準差	每年增加金額	期末金額
SPY	12.46%	10.33%	3000	25377
VTI+VXUS				
90/10	11.47%	10.72%	3000	24759
80/20	10.49%	10.79%	3000	24161
70/30	9.5%	10.92%	3000	23576
60/40	8.52%	11.10%	3000	23005
50/50	7.53%	11.32%	3000	22447
40/60	8.52%	11.10%	3000	23005
30/70	5.55%	11.93%	3000	21370

資料來源： AQR US MKT Factor Returns 1972-1992（AQR Data Sets）；Vanguard Total Stock Market Index Fund（VTSMX）1993+；AQR Global ex US MKT Factor（AQR Data Sets）1986-1996；Vanguard Total International Stock Index Fund （VGTSX）1997+

　　從 2012 年至 2016 年美國市場表現非常好，SPY 拿到了 12.46% 的年化報酬，而 VTI+VXUS 這個組合 6 年間以 VTI（佔 90%）+VXUS（佔 10%），拿到了 11.47% 的成績，其實也算是不錯，不過標準差來說這個組合還是比持有 SPY 來的較高，**投資人要注意，過去績效不代表以後也是這樣，所以不要看到美國在這幾年表現很好，就單壓單一國家市場。**不過就標準差來說，這個組合還是比單純持有 SPY 的高，但 VXUS 是投資美國除外全世界股票，風險將會更分散，也不會有重壓一個國家的問題，所以標準差稍高一點是可以接受的。

方法 4

用 ETF 投資全世界第四種配置為 VTI+EFA，EFA 主要投資 21
個發達市場，主要追蹤歐洲、澳洲、遠東公開交易證券，投資的範
圍涵蓋約 40%的資產類別。故可作為除美國市場以外投資標的，
「EFA 並沒有投資中國家與新興市場國家」，投資人要特別注意。

Vanguard 整體股市（Vanguard Total Stock Market；美股代號：VTI）

iShares 歐澳遠東（iShares MSCI EAFE；股票代號：EFA）

VTI 的內扣費用為 0.05%，EFA 內扣費用為 0.33%。

▼ 2002 年至 2015 年 SPY 與 VTI60%+EFA40% 報酬比較

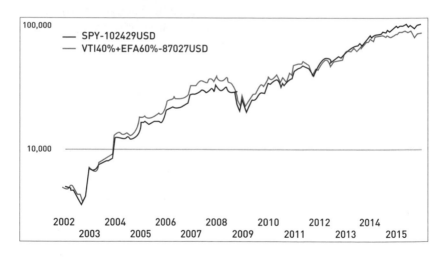

資料來源：AQR US MKT Factor Returns 1972-1992（AQR Data Sets）；Vanguard
Total Stock Market Index Fund（VTSMX）1993+；AQR Global ex US MKT Factor（AQR
Data Sets）1986-1999；Vanguard Developed Markets Index Fund（VTMGX）2000+）

從 2002 年至 2015 年間，這 14 年間投資美國市場的報酬贏過 VTI+EFA 組合，2002 年期初投資 5,000 美元，並於每年持續投入 3,000 美元並且每年進行再平衡，則美國市場會成長到 102,429 美元，VTI60%+EFA40% 會得到 87,027 美元，相當於年化 8.36% 與 6.24%。

▼ VTI+EFA 2006 至 2015 年投資報酬率

	VTI	EFA
2006	15.66%	26%
2007	5.56%	10.97%
2008	-36.97%	-43.14%
2009	28.82%	31.41%
2010	17.26%	7.52%
2011	1.06%	-12.18%
2012	16.41%	17.22%
2013	33.51%	22.62%
2014	12.56%	-5.04%
2015	0.40%	-0.90%
十年標準差	15.76%	19.41%
十年總報酬	106.33%	33.44%
十年年化報酬	7.51%	2.93%

資料來源：

AQR US MKT Factor Returns 1972-1992（AQR Data Sets）；Vanguard Total Stock Market Index Fund（VTSMX）1993+；AQR Global ex US MKT Factor（AQR Data Sets）1986-1999；Vanguard Developed Markets Index Fund（VTMGX）2000+）

第五章

▼ 2002 年至 2015 年 VTI+EFA 投資組合不同持股方式之投資績效（採用定期定額／再平衡）

	年化報酬	標準差	每年增加金額	期末金額
美國市場（SPY）100%	8.36%	14.73%	3000	102429
VTI 20%+EFA 80%	5.34%	17.26%	3000	81337
VTI 25%+EFA 75%	5.57%	17.05%	3000	82738
VTI 30%+EFA 70%	5.80%	16.85%	3000	84153
VTI 35%+EFA 65%	6.02%	16.66%	3000	85583
VTI 40%+EFA 60%	6.26%	16.48%	3000	87027
VTI 45%+EFA 55%	6.46%	16.31%	3000	88485
VTI 50%+EFA 50%	6.68%	16.15%	3000	89958
VTI 55%+EFA 45%	6.89%	15.99%	3000	91446
VTI 60%+EFA 40%	7.10%	15.85%	3000	92948

資料來源：AQR US MKT Factor Returns 1972-1992（AQR Data Sets）；Vanguard Total Stock Market Index Fund（VTSMX）1993+；AQR Global ex US MKT Factor（AQR Data Sets）1986-1999；Vanguard Developed Markets Index Fund（VTMGX）2000+）

看到這報酬，投資人千萬不要以為單壓單一國市場才能有好報酬，單壓一市場如果遇到狀況，如新興市場波動大或是日本市場失落的十年，那怕只有一次，投資人就會沒有信心再投資了。

14 年下來起初投資 5,000 美元，並且每年再平衡與投入 3,000 美元，以 VTI30%+EFA70% 這個組合來看年化報酬有 5.8%，而投資 10 年也有 5% 以上報酬，以歷史平均報酬來說是符合期待的。

方法 5

投資 ETF 配置第五種配置為 VTI+VGK+VPL+VWO，這是投資人想要精準控制各地區比重的配置，最好的好處就在於可以預防某一地區會有資產泡沫的缺點，投資人也可以針對自己看好某一些地區而加強比重。

VTI、VGK、VPL、VWO 基本介紹：

VTI 的內扣費用為 0.05%，VGK 內扣費用為 0.12%，VPL 內扣費用為 0.12%，VWO 內扣費用為 0.15%。

Vanguard Total Stock Market （整體股市；美股代號 :VTI）

Vanguard FTSE Europe ETF VGK （FTSE 歐洲 ETF；美股代號：VGK）

Vanguard FTSE Pacific ETF （亞太成熟市場 ETF；美股代號：VPL）

Vanguard FTSE Emerging Markets （FTSE 新興市場；美股代號 :VWO-2016 版）

▼ 2006 年至 2015 年 SPY 與 VTI 25%+VGK 25%+VPL 25%+VWO
25% 報酬走勢圖

79,433

— SPY　　　-64533USD
— ETF 組合　-48913USD

10,000

2006　2007　2008　2009　2010　2011　2012　2014　2013　2015

* 由於 VGK+VPL+VWO 皆成立於 2005 年，
故所有年度完整資料都是從 2006 年開始計算。

資料來源：Vanguard Total Stock Market Index Fund（VTSMX）1993+；Vanguard European Stock Index Fund（VEURX）1991+；Vanguard Pacific Stock Index Fund（VPACX）1991+；Vanguard Emerging Markets Stock Index Fund（VEIEX）1995+）

　　從 2006 年至 2015 年這 10 年期間，SPY（美國市場）總報酬贏過 VTI+VGK+VPL+VWO，在 2006 期初 SPY 與 VTI+VGK+VPL+VWO 各投入 5,000 美元，並且每一年持續投入 3,000 美元，並進行再平衡，2015 年末這 2 種組合分別年化報酬為 9.57%、4.46%，美國市場贏過 VTI+VGK+VPL+VWO 組合。

　　10 年以來美國地區報酬領先世界各地區，最差就屬亞太市場，只有 2.19%，VWO 新興市場波動也大於其他市場，尤其是 2008 年至 2009 年這兩年波動非常大。

▼ VTI+VGK+VPL+VWO 完整年度績效

	VTI	VGK	VPL	VWO
2006	15.66%	33.57%	12.10%	29.53%
2007	5.56%	13.93%	4.85%	39.05%
2008	-36.97%	-44.66%	-34.24%	-52.77%
2009	28.82%	32.04%	21.25%	76.28%
2010	17.26%	5.01%	15.91%	18.99%
2011	1.06%	-11.49%	-13.89%	-18.68%
2012	16.41%	21.01%	15.60%	18.84%
2013	33.51%	24.93%	17.55%	-5%
2014	12.56%	-6.56%	-4.58%	0.60%
2015	0.40%	-1.87%	2.43%	-15.35%
十年標準差	15.76%	21.20%	17.66%	24.67%
十年總報酬	106.33%	43.26%	24.23%	39.50%
十年年化報酬	7.51%	3.66%	2.19%	3.39%

資料來源：美國晨星

▼ 2006 至 2015 年 VTI25%+VGK25%+VPL25%+VWO25% 定期定額／再平衡／報酬率

	年化報酬	標準差	每年增加金額	期末金額
美國市場（SPY）	9.57%	15.23%	3000	64543
VTI+VGK+VPL+VWO	4.46%	18.72%	3000	48913

資料來源：

Vanguard Total Stock Market Index Fund （VTSMX） 1993+；Vanguard European Stock Index Fund （VEURX） 1991+；Vanguard Pacific Stock Index Fund （VPACX） 1991+；Vanguard Emerging Markets Stock Index Fund （VEIEX） 1995+）

＊這裡配置都是以各地區平均分配 25% 為參考。

2006 年期初投資 5,000 美元於各地區 VTI+VGK+VPL+VWO 組合，並且每年定期投資 3,000 美元，並進行再平衡，所帶來的年化報酬為 4.46%，這是經過 2008 年金融大海嘯洗禮的結果，假如投資人遇到像是 2008 年仍然可以撐下去，那麼這 10 年報酬還是將近有 4.5%，以歷史平均報酬來說尚屬不錯，這是不挑地區市場的成績。

🔍💲 2 種投資全球債市的方法

債券一直是投資人用來資產配置不可或缺的資產，也因為債券有著與股市的負相關的特性，所以只要全世界市場發生一些偶發性狀況，債券基本上還是資金最可靠的避風港選項。

下圖為 1987 年到 2015 年美國整體債券與全世界債券這 29 年間報酬變化，這 29 年間美國整體債券只有下跌 3 次。分別為 1994 年 -2.66%、1999 年 -0.76 及 2013 年的 -2.26%，其餘 26 年間皆為正報酬。

而全世界債券報酬有 6 次為負報酬，分別為 1997 年 -0.90%、1999 年 -4.29%、2005 年 -6.36%、2008 年 -2.67%、2013 年 -5.04%、2015 年 -3.57%。

▼ 1987 年至 2015 年美國及全世界債券投資報酬

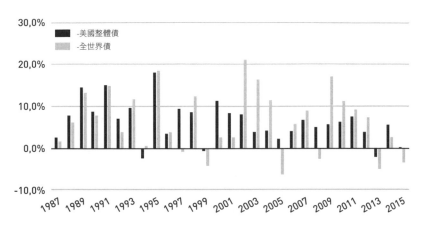

資料來源：Vanguard Total Bond Market Index Fund （VBMFX）1987+；FRED Interest Rate Data （5-year maturity）1972-1991；Vanguard Intermediate-Term Treasury Fund （VFITX）1992+）

▼ 1987 年至 2015 年美國整體債券與全世界債券報酬

	年化報酬	標準差	最好一年	最差一年
美國整體債券	6.28%	4.84%	18.18%	-2.66%
全世界債券	6.22%	7.63%	21.33%	-6.36%

資料來源：Vanguard Total Bond Market Index Fund （VBMFX）1987+；FRED Interest Rate Data （5-year maturity）1972-1991；Vanguard Intermediate-Term Treasury Fund （VFITX）1992+）

　　假如投資人在 1987 年期初投資 1,000 美元，那麼到 2015 年底美國整體債券會得到年化 6.28% 報酬，也就是說 1,000 美元會成長到 5,853 美元，而全世界債券則是得到 5,756 美元，其實兩者在伯仲之間。

第五章

這 29 年間美國整體債券年化報酬為 6.28%，標準差 4.84%，整體來說美國整體債券是好過於全世界債券。

方法 1

我們用 BND+BNDX 來做為全世界債券配置，BND 總開銷費用為 0.06%，BNDX 為 0.15%，但是這 2 個資產都是屬於美元資產，並不能達到匯率自然避險，這點投資人要特別注意。

而這個組合投資於「公債與投資等級公司債」，總持有債券達到約 20,700 支。可以說深度與廣度都非常夠，更加可以涵蓋所追蹤指數的所有債券，達到與指數追蹤誤差不會太大的效果。

Vanguard Total Bond Market（總體債券市場；美股代號 : BND）

Vanguard Total International Bond ETF（總體國際債券； 股票代號 BNDX）

▼ BND 與 BNDX 關鍵數據

	BND	BNDX
總費用	0.05%	0.12%
規模（億美元）	310	54
每日成交量（萬股）	200	77
公債比例	67.84%	76.93%
公司債比例	27.51%	18.37%
總持有債券（支）	16998	3747
過去 12 個月配息	2.44%	1.51%

資料來源：美國晨星

兩支債券最少規模都達到 50 億美元以上，成交量也都約 70 萬股以上，可以說是規模與流動性都不錯的債券 ETF，BND 比 BNDX 持有公司債大約多快 10%。

▼ 2014-2016 年度績效

	2008	2009	2010	2011	2012	2013	2014	2015	2016
BND	5.18%	6.03%	6.51%	7.71%	4.04%	-2.14%	5.96%	0.39%	2.57%
BNDX							8.83%	1.08%	4.67%

* 由於 BNDX 成立於 2013 年 5 月 31 日，故完整績效從 2014 年算起。

資料來源：美國晨星、作者整理

▼ 2014 年至 2015 年 BND50%+BNDX50% 投資組合績效

	期初	每年增加	期末	報酬率	標準差	最好一年	最差一年
BND50%+ BNDX50%	3,000	3,000	9,341	3%	2.70%	7.28%	0.87%

資料來源：美國晨星、作者整理

* 由於 BNDX 成立於 2013 年 5 月 31 日，故合併績效從 2014 年算起。

　　投資人在 2014 年期初投資金額 3,000 美元，並每年再平衡再投入 3,000 美元，2015 年期末金額會來到 9,341 美元。

　　BND50%+BNDX50% 投資組合這兩年年化報酬為 3%，標準差 2.7%，表現算是不錯，最好的一年績效為 7.28%，最差為 0.87%，這個債券組合與美國市場相關係數為 -0.01%。

方法 2

用 ETF 投資全球債券的第 2 種配置為 IEI+BWX，IEI 總開銷費用為 0.15%，BWX 則是 0.50%，這種配置 97% 都是投資全球的政府公債，幾乎沒有信用風險。

這種配置則是可以達到匯率上的自然避險，IEI 為美元，BWX 為非美元，這個組合從 2008 年至 2015 年與美國股市相關性為 0.23%。

iShares 3-7 Year Treasury Bond （美國政府中期公債；股票代號 IEI）

SPDR Barclays International Trs Bd ETF（巴克萊國際政府債券 ETF；美股代號 BWX）

▼ IEI 與 BWX 關鍵數據

	IEI	BWX
總費用	0.15%	0.50%
規模（億美元）	60	16
每日成交量（萬股）	56	36
公債比例	99.19%	97.57%
公司債比例	0.80%	1.55%
總持有債券（支）	75	711
過去 12 個月配息	1.37%	0%

資料來源：美國晨星、作者整理

值得注意的是 BWX 從 2015 年已未配息，內扣費用也算是滿高的。

	IEI	BWX
2008	13.11%	4.41%
2009	-1.85%	6.51%
2010	6.54%	4.13%
2011	8.10%	3.60%
2012	2.09%	5.85%
2013	-1.95%	-3.66%
2014	3.14%	-2.49%
2015	1.67%	-6.69%

資料來源：為美國晨星、作者整理

這兩種債券的特質可以在 2008 年金融海嘯可以看出來，都有著與股市負相關的特性，而這種特性也是我們做資產配置所需要的。

▼ 2008 年至 2015 年 IEI50%+BWX50% 投資組合績效

	期初	每年增加	期末	報酬率	標準差	最好一年	最差一年
IEI50%+BWX50%	3,000	3,000	29,892	0.97	5.47%	8.49%	-2.71%

資料來源：美國晨星、作者整理

2008 年期初投資 3,000 美元，每年再增加 3,000 美元並再平衡，到 2015 年末報酬會有約 30,000 美元，年化報酬為 0.97%，而標準差是 5.47%。

雖然這種債券組合看似平淡無奇，但是如果在遇到市況不好時，卻可以保護你的資產，從他們的 2008 年表現即可看出債券的重要性。

第五章

第六章
Chapter 6

投資全球很難？

從開戶到資料查詢，

一切網上搞定！

投資全球很難？從開戶到資料查詢，一切網上搞定！

要買賣美股有很多方式，你可以向銀行的財富管理部門詢問，如果你有證券戶頭，也可以申請複委託。不過最便宜的方式就是利用網路直接向國外下單。

如何上網開戶直接買美股，不受台灣券商剝削

想投資美股或是海外 ETF 並不困難，只要大約 20 分鐘就可以完成，真的非常簡單。你當然可以利用複委託的方式請台灣的券商替你下單，不過又多了一筆費用。花 20 分鐘省一輩子何樂而不為？以下以如美國券商第一理財（Firstrade）2017 年版本的開戶流程為例進行說明。

2016 年與 2017 年 Firstrade 最大的不同就是原本每筆交易費 6.95 美元下調至 4.95 美元，降幅約 28%。而 Firstrade 系統也全面升級為每天 24 小時都有中文化服務，對投資人來說是一個正面的好消息。除了 Firstrade 外，尚有其他的海外券商可以選擇，如第一證券（Firstrade）、TD Ameritrade、嘉信理財（Charles Schwab）、億創理財（E-trade）等等。

第一證券（Firstrade）是國內投資人比較常用，對不熟悉英文的投資人是一個不錯的起點，開戶流程也是非常簡單，很適合剛開始投資海外市場的投資人，同時 Firstrade 也同時提供 12 支支援 ETF 的連結（https://www.firstrade.com/content/zh-tw/promos/freeetfs/）、免費股息再投資等服務，也提供非美國區的自動退稅服務。

　　有關開戶流程，讀者也可以參考 Firstrade 的粉絲團（http://www.facebook.com/easyetf）

以下介紹最新開戶流程：

步驟一：請進入以下連結，於右上角按「現在立即開戶」。

http://www.firstrade.com/content/zh-tw/welcome

第六章

步驟二：輸入自己手機後 9 碼，如 0972111111，記得把 0 去掉就可以，然後再按發送驗證碼即可。

步驟三：如果不是美國公民請選否，然後按下一步。

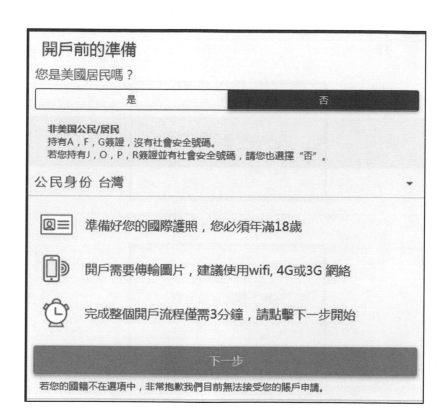

第六章

步驟四：上傳護照照片頁及簽名頁，可以用手機拍照上傳，清楚就可以，上傳好了就按下一步。

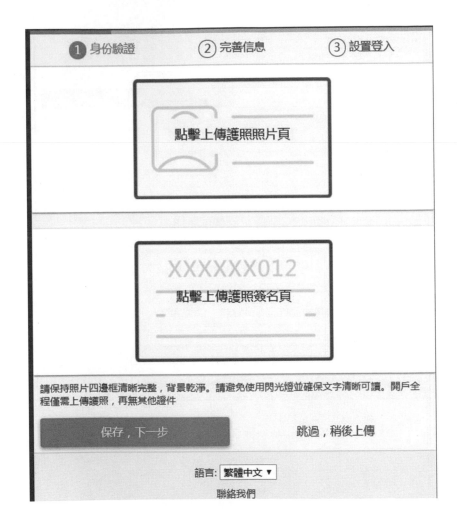

步驟五：輸入自己護照的基本資料，出生年月日等等，填寫完請按下一步。

① 身份驗證	② 完善信息	③ 設置登入

證 件 姓	請用英文填寫
證 件 名	請用英文填寫
生日日期	年年年年-月月-日日
性　　別	○男　　　○女

目前居住地址 (請勿使用郵局信箱)

國　　家	台灣 ▾
居住地址	請輸入居住地址（英文填寫）
	地址行二
城　　市	請輸入居住城市
郵政編號	請輸入居住郵政編號

電子郵箱	請輸入常用郵箱
婚姻狀況	○未婚　　○已婚　　○離異　　○喪偶
就業情況	○受僱　　○創業　　○無業　　○學生

保存，下一步

第六章

步驟六：依自己的情況填寫，或是你還要開通其他交易權限也可在此完成，填寫好請按下一步。

① 身份驗證	② 完善信息	③ 設置登入

年 收 入	多於20萬美元	▼

流動資產	多於20萬美元	▼

總 資 產	多於20萬美元	▼

投資經驗	○豐富	◉良好	○有限	○沒有
投資目標 (可多選)	☑增值	☐投機	☑保值	☐收入

開通其他交易權限

融資融券權限	否 ⬤ 是
期權交易權限	否 ⬤ 是
延長時段交易	否 ⬤ 是

優惠代碼 優惠或推薦代碼(可不填)

☑ 我確認我及家人非政府要員、非券商經紀相關工作人員、非美國上市公司持股10%以上大股東

保存，下一步

步驟七：在這裡要設立自己的登入代號及密碼等相關資料，建議拿紙筆記錄不然會忘記，輸入完請按下一步。

① 身份驗證	② 完善信息	③ 設置登入
登入代號 設置登入用戶名		
登入密碼 設置登入密碼		
確認密碼 二次輸入登入密碼		
PIN 碼 設置4位PIN碼		
確認PIN碼 二次輸入PIN碼		
請牢記您的登入信息		
保存，下一步		

第六章

步驟八：最後一步，只要點選手寫數位簽名，完成簽名即可（不難，練習一下即可），完成後請按提交開戶申請。

賬戶協議確認簽署

數位簽名用戶須知

我同意，在賬戶申請過程中，通過數字或者電子的方式簽署相關協議與我通過手寫的方式進行的簽署具有同等的法律效力與約束力。

a）我亦同意，在進入或進行任何交易操作過程中，通過使用鍵盤、鼠標或其他任何電子設備點擊按鈕、圖標等操作選項任何協議、承諾、條款、披露或任何包含我簽名、接受、同意的文件的操作，均視為我的親筆書面簽名。

b）我的任何電子簽名均被視為書面墨水簽名。在本賬戶項下正常開戶、交易過程中所產生的所有打印及使用的以電子簽名簽署的文件均視為文件原件。

c）我亦同意，一旦我同意使用電子簽名服務，我將不會就我簽名的法律強制性效力及可

點擊手寫中文數位簽名

按下 "提交開戶申請" 同時表示我已閱讀並同意《數位簽名用戶須知》和《開戶相關協議》。

提交開戶申請

步驟九：請牢記自己的帳戶號碼，這樣就申請完了，大約等 3 個工作天就可以開通了。

第六章

步驟十：把以下匯款資料拿去銀行匯款（第一次都要本人去銀行匯款，之後可綁定約定帳號用網路銀行匯款即可）。「匯款時匯款附言請一定要填寫你的第一理財帳號及英文名字」，如果沒寫的話錢不會不見，只是還要跑一次銀行重填而已，所以請記得一定要填寫。

帳戶注資

| ACH電子轉賬 | 支票 | 匯款至第一證券 | 轉戶到第一證券 |

匯款至第一證券　　　查看：美國境內 | 國際

由海外金融機構匯款

請將以下資料交予您的銀行匯款至第一證券：

美元金額：	USD $
收款銀行名稱：	BMO Harris Bank
收款銀行地址：	111 W Monroe St, Chicago, IL 60603
SWIFT 收款銀行國際代碼：	**HATRUS44**
收款人姓名：	Apex Clearing Corporation
收款人銀行賬戶號碼：	**1617711**
收款人地址：	One Dallas Center 350 N. St Paul, Suite 1300, Dallas, TX 75201
匯款附言：	請填上您在第一證券開戶的8位數賬戶號碼及英文全名

注意事項：
**請務必在匯款附言寫上您在第一證券開戶的賬戶號碼及全名，否則您的匯款將會被退回。
1. 第一證券不接受第三方匯款，款項必須從您本人的銀行賬戶匯出，所有第三方匯款將被退回。
2. 如果您是從聯名銀行賬戶匯款，請向您的銀行要求在匯出款人欄中填入所有賬戶持有人姓名。
3. 從美國境內，請使用ABA號碼。從美國境外銀行匯款至第一證券，請使用SWIFT碼。
4. 國際匯款過程中的中轉銀行有可能收取一定的手續費，因此最終到賬金額可能與原始匯款金額有所不同。

接下來確認你剛剛打上的資料是否正確。

🔍 ETF 買賣小訣竅

對於剛開始投資海外的投資人來說，一開始除了要習慣券商的交易平台系統外，最關心的事還是下單 ETF 的操作方法，以下提供幾個小方法給大家做一個參考。

1. **下單時使用「限價單」指定成交價格**：投資人在買賣 ETF 時，如果是用市價單可能會買貴或便宜，但是限價單可以保護你避免價差太大。（如 2010 年美國的「閃電崩盤」）以我自己的經驗，通常有耐心點，掛著「限價單」睡覺起來大部分都會成交，而且一切操之在我，不是把一切交給機率。

2. **注意 ETF 不同地區開收盤時間性**：通常在交易 ETF 時間都會晚開盤半小時。因為 ETF 部分持有證券此時陸續才會有交易，所以有時候並不能反應在 ETF 淨值上。

假設你要買賣歐洲市場 ETF，最好可以留意歐洲市場的開盤及收盤時間，這樣 ETF 折溢價才會較貼近 ETF 的淨值，最好也避免在收盤前半小時交易，通常 ETF 會在收盤前半小時開始進行結算，所以波動會較大。

3. **盡量還是以「流動性較佳」的 ETF 做為投資標的**：最好是以 ETF 日成交量 10 萬股以上為一個基準，才不會買或賣時產生過大的折溢價情形發生，畢竟大部分 ETF 不如 SPY 一樣流動量及規模那麼大。

4. **避免在「美股四巫日」做交易**：四巫日是指四種季合約到期的日子，分別是指數期貨、期貨指數選擇權、股票選擇權、股票期貨。在一年內會發生 4 次，分別在 3、6、9、12 月的第三個禮拜五，通常當天市場成交量及波動皆大，投資人盡量避免在這天做交易。

如何查詢美股與 ETF 各年績效

投資人想快速找到股票或是 ETF 各年績效，「美國晨星」是最方便的查詢平台，也是最有公信力的基金平台之一。

先進入美國晨星網站（ http://www.morningstar.com/ ），然後在 Quote 輸入欲查詢股票基金或 ETF 代號，進入股票基金或 ETF 後點選「Performance」。

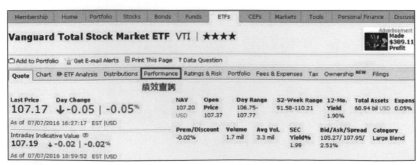

下圖為美國晨星呈現 VTI 從 2006 年至 2015 年績效，而 YTD-3.64% 是指今年至今基金淨值績效，同時也可以看到標的年度費用與周轉率每年變化。

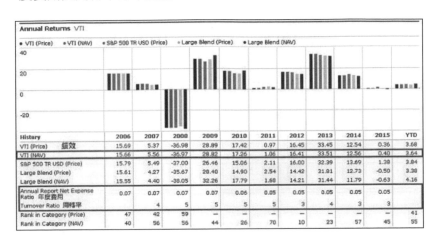

History	2006	2007	2008	2009	2010	2011	2012	2013	2014	2015	YTD
VTI (Price) 績效	15.69	5.37	-36.98	28.89	17.42	0.97	16.45	33.45	12.54	0.36	3.68
VTI (NAV)	15.66	5.56	-36.97	28.82	17.26	1.06	16.41	33.51	12.56	0.40	3.64
S&P 500 TR USD (Price)	15.79	5.49	-37.00	26.46	15.06	2.11	16.00	32.39	13.69	1.38	3.84
Large Blend (Price)	15.61	4.27	-35.67	28.40	14.90	2.54	14.42	31.91	12.73	-0.50	3.38
Large Blend (NAV)	15.55	4.40	-38.05	32.26	17.79	1.68	14.21	31.44	11.79	-0.63	4.16
Annual Report Net Expense Ratio 年度費用	0.07	0.07	0.07	0.07	0.06	0.05	0.05	0.05	0.05	0.05	
Turnover Ratio 周轉率		4	5	5	5	5	3	4	3	3	
Rank in Category (Price)	47	42	59	—	—	—	—	—	—	—	41
Rank in Category (NAV)	40	56	56	44	26	70	10	23	57	45	55

下圖是 VTI 從 1 天、1 星期、1 個月到 15 年的績效呈現，也可以與 S&P500 做一個比較：

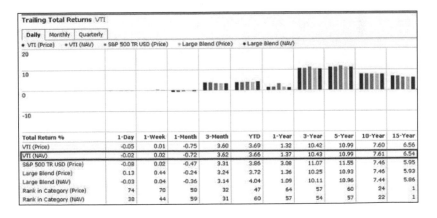

Total Return %	1-Day	1-Week	1-Month	3-Month	YTD	1-Year	3-Year	5-Year	10-Year	15-Year
VTI (Price)	-0.05	0.01	-0.75	3.60	3.69	1.32	10.42	10.99	7.60	6.56
VTI (NAV)	-0.02	0.02	-0.72	3.62	3.66	1.37	10.43	10.99	7.61	6.54
S&P 500 TR USD (Price)	-0.08	0.02	-0.47	3.31	3.85	3.08	11.07	11.55	7.46	5.95
Large Blend (Price)	0.13	0.44	-0.24	3.24	3.72	1.36	10.25	10.93	7.46	5.93
Large Blend (NAV)	-0.03	0.04	-0.36	3.14	-4.04	1.09	10.11	10.96	7.44	5.86
Rank in Category (Price)	74	70	58	32	47	64	57	60	24	1
Rank in Category (NAV)	38	44	59	31	60	57	54	57	22	1

投資人如果還要查詢更久遠的績效資料及細節查詢，還是建議到各基金公司的公開說明書裡會有更多完整資料。

如何查詢美股與 ETF 股息

如果要查詢美股及 ETF 的配股配息情況，可以透過以下網站：https://dividata.com/。歷史資料豐富，這是晨星比不上的。

網站內投資人除了可以知道公司配息紀錄，網站也整理了許多高殖利率排名與最熱門股票股息排名等等，非常方便。

首先我們先以 Vanguard 的全美國市場 VTI 來看，只要在右上輸入代號即可。

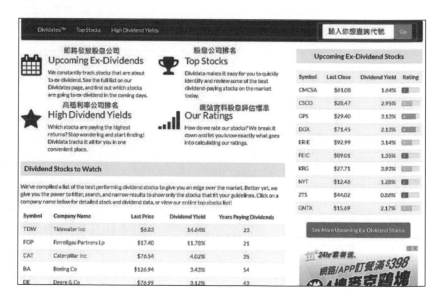

接下來可以看到 VTI 的基本配息資料等等,如果想查詢更長
久的配息資料,按「See Full Dividend History」這個選項。

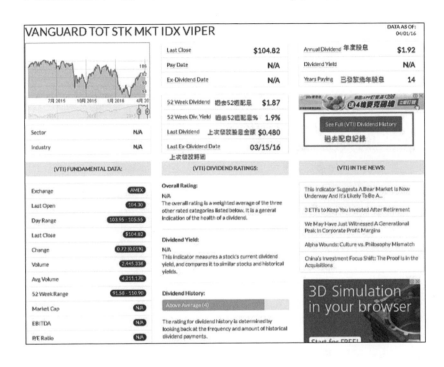

　　這邊可以很清楚看到 VTI 是每一季發放股息,在 2015 年間
股息為 2.067USD。

進去看後就可以看到歷年配息走勢圖與配息紀錄了。

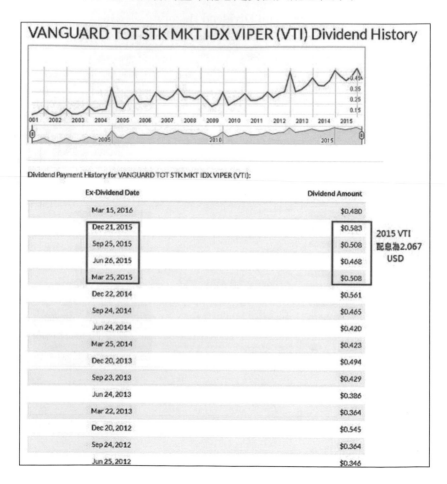

VANGUARD TOT STK MKT IDX VIPER (VTI) Dividend History

Dividend Payment History for VANGUARD TOT STK MKT IDX VIPER (VTI):

Ex-Dividend Date	Dividend Amount
Mar 15, 2016	$0.480
Dec 21, 2015	$0.583
Sep 25, 2015	$0.508
Jun 26, 2015	$0.468
Mar 25, 2015	$0.508
Dec 22, 2014	$0.561
Sep 24, 2014	$0.465
Jun 24, 2014	$0.420
Mar 25, 2014	$0.423
Dec 20, 2013	$0.494
Sep 23, 2013	$0.429
Jun 24, 2013	$0.386
Mar 22, 2013	$0.364
Dec 20, 2012	$0.545
Sep 24, 2012	$0.364
Jun 25, 2012	$0.346

2015 VTI
配息為2.067
USD

💲🔍 如何查詢股票風險及波動性

查詢股票風險及波動性可以利用美國晨星網站（http://www.morningstar.com/），輸入股票代號後，點選「Ratings & Risk」。

第六章

點選「Ratings & Risk」後，會有現代投資組合理論資料（MPT Statistics），及波動性數據（Volatility Measures）這兩種詳細資料。

以 SPY 為例：風險及波動性：

MPT Statistics SPY

| 3-Year | 5-Year | 10-Year | 15-Year |

3-Year Trailing	Index	R-Squared	Beta	Alpha	Treynor Ratio	Currency
vs. Best-Fit Index						
SPY	S&P 500 TR USD	100.00	1.00	-0.09	—	USD
vs. Standard Index						
SPY	S&P 500 TR USD	100.00	1.00	-0.09	10.96	USD
Category: LB	S&P 500 TR USD	94.36	0.97	-0.53	10.52	USD
07/31/2016						

Volatility Measures SPY

| 3-Year | 5-Year | 10-Year | 15-Year |

3-Year Trailing	Standard Deviation	Return	Sharpe Ratio	Sortino Ratio	Semi-Standard Deviation
SPY	11.08	11.03	0.99	1.82	—
S&P 500 TR USD	11.11	11.16	1.00	1.84	—
Category: LB	11.14	10.25	0.93	1.67	—
07/31/2016					

相關名詞解釋：

MPT Statistics：現代投資組合理論資料：

R- Squared ：平方相關係數

Beta ： 與對應指數系統性風險

Alpha ：系統性風險以後的額外回報（正負溢酬），可以先將基金原本的回報率減去美國 90 日政府債券回報率（即無風險的投資回報率），計算出基金的額外回報率。

Volatility Measures：波動性：

Standard Deviation ：標準差

Return ：回報

Sharpe Ratio：夏普比率，衡量風險的大小。

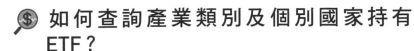

如何查詢產業類別及個別國家持有 ETF？

投資人想投資 ETF，但是 ETF 種類多、數量大，怎麼辦？

以下網站幫投資人分門別類都整裡好：ETFDB.COM

投資人如果想知道某個國家有幾支 ETF 投資於該國家，可以直接搜尋 ETF 持有國家比重。（http://etfdb.com/tool/etf-country-exposure-tool/）

進去後，點選你要想投資的國家，假設是巴西，可以看到有 164 支 ETF 投資於巴西，在點進去後可以看到完整 ETF 明細，依照 ETF 持有比重依序排下來，ETF 名稱、總開支費率等等……。

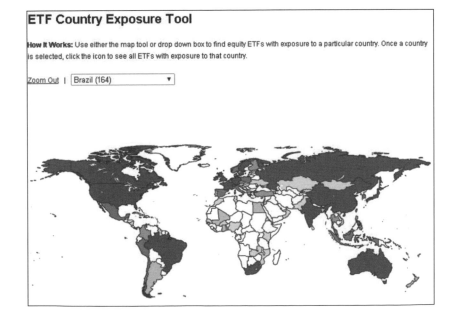

第六章

ETFs with Brazil Exposure

Share [f] [y] [g+] [in]

The table below displays all U.S. listed equity ETFs that maintain significant exposure to stocks listed in Brazil. Note that ETFs that do not include Brazil within the top 10 country allocations may not be included below.

For details on the underlying holdings of each ETF, including individual security allocations and country breakdowns, click on the ticker symbol in the following table.

Ticker	ETF	ETFdb Category	Expense Ratio	Weighting
DBBR	MSCI Brazil Hedged Equity Fund	Latin America Equities	0.60%	100.00%
BRAQ	Brazil Consumer ETF	Consumer Staples Equities	0.77%	99.96%
FBZ	Brazil AlphaDEX Fund	Latin America Equities	0.80%	99.10%
EWZ	iShares MSCI Brazil Capped ETF	Latin America Equities	0.62%	98.53%
BRF	Market Vectors Brazil Small-Cap ETF	Latin America Equities	0.60%	97.99%
EWZS	iShares MSCI Brazil Small-Cap ETF	Latin America Equities	0.62%	97.42%
BRAZ	Brazil Mid Cap ETF	Latin America Equities	0.69%	95.54%
FLN	Latin America AlphaDEX Fund	Latin America Equities	0.80%	54.53%
LARE	Tierra XP Latin America Real Estate ETF	Real Estate	0.79%	49.42%
EEML	MSCI Emerging Markets Latin America Index Fund	Latin America Equities	0.49%	45.01%
ILF	iShares Latin America 40 ETF	Latin America Equities	0.49%	43.16%
GML	SPDR S&P Emerging Latin America ETF	Latin America Equities	0.49%	41.46%
BICK	BICK Index Fund	Emerging Markets Equities	0.64%	22.34%
EMCG	Emerging Markets Consumer Growth Fund	Emerging Markets Equities	0.63%	19.65%
QMEX	MSCI Mexico Quality Mix ETF	Latin America Equities	0.40%	18.19%

如果投資人想投資於美國銀行（BAC）的相關持有 ETF，可是不想單一持有個股時，想持有整個金融業。

　　可以查詢個股股票產業 ETF（http://etfdb.com/tool/etf-stock-exposure-tool/），進去後把股票代號填入，按 SEARCH 就可以出現有投資於 BAC 的相關 ETF，依照 ETF 持有比重比例依序列出，當然也有最重要的總開支比率。

ETF Stock Exposure Tool

How It Works: The ETFdb Stock Exposure Tool allows investors quickly identify all U.S.-listed equity ETFs with significant exposu to a particular security.

Simply enter a ticker symbol (e.g. GOOG) into the search box bel and the tool will direct you to ETFs with significant holdings in th stock.

| BAC | Search |

Limitations: The ETFdb Stock Exposure Tool will only identify ET that include a particular stock within its top ten holdings. As such ETFs not included in results may also include exposure to a selected stock.

Individual weighting percentages are accurate as of the beginnir of the current month, but are not updated daily throughout the month. As such, the figures displayed in results tables may not b accurate.

Finally, the ETFdb Stock Exposure Tool recognizes only stocks (including international equities). It cannot be used to identify ET with exposure to specific bonds, commodities, or other asset classes.

第六章

ETFs with Bank of America Corporation (BAC) Exposure

Share f y g+ in

The following ETFs maintain significant exposure to Bank of America Corporation (BAC); each of the following funds counts BAC among its top ten individual holdings. Note that percentages in the table reflect weightings at the beginning of the current month, and are subject to change.

To see a complete breakdown of any of the ETFs included in the table below, including sector, market cap, and country allocations, click on the ticker symbol.

Ticker	ETF	ETFdb Category	Expense Ratio	Weighting
KBWB	KBW Bank Portfolio	Financials Equities	0.35%	8.01%
IYG	iShares U.S. Financial Services ETF	Financials Equities	0.43%	7.81%
XLFS	Financial Services Select Sector SPDR Fund	Financials Equities	0.14%	7.14%
XLF	Financial Select Sector SPDR	Financials Equities	0.15%	5.93%
RWW	Financials Sector Fund	Financials Equities	0.49%	5.73%
SPVU	S&P 500 Value Portfolio	Large Cap Value Equities	0.25%	4.92%
VFH	Financials ETF	Financials Equities	0.12%	4.53%
FNCL	MSCI Financials Index ETF	Financials Equities	0.12%	4.49%
IYF	iShares U.S. Financials ETF	Financials Equities	0.43%	4.39%
GVT	Select Large Cap Value ETF	Large Cap Value Equities	0.78%	3.72%
JKD	iShares Morningstar Large-Cap ETF	Large Cap Blend Equities	0.20%	3.69%
JHMF	Multifactor Financials	Financials Equities	0.50%	3.62%
IXG	iShares Global Financials ETF	Financials Equities	0.47%	2.73%
VLUE	MSCI USA Value Factor ETF	Large Cap Value Equities	0.15%	2.53%
QLC	US Quality Large Cap Index Fund	Large Cap Blend Equities	0.32%	2.19%
VOOV	S&P 500 Value ETF	Large Cap Value Equities	0.15%	2.17%

💲 如何查詢 ETF 資金流向

查詢 ETF 的資金流向，可以參考 http://www.etf.com/。

首先點選 ETF TOOLS & DATA → ETF FUND FLOWS 。

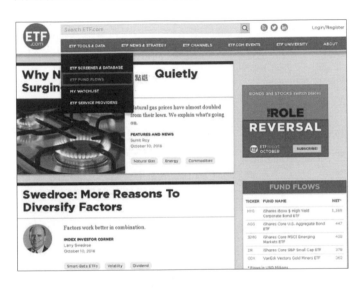

　　這裡就可以看到這週 ETF 流入與流出資金前十大 ETF 情況。可以看到 2016 年 9 月 30 日至 10 月 6 日這週流入前三名分別是 HYG、AGG、IEMG，流出資金前三名別是 SPY、IWM、USMV。

Flows for 09/30/2016 - 10/06/2016

Top 10 Creations (All ETFs) 流入資金前十大ETF

Ticker	Fund Name	Net Flows*	Details
HYG	iShares iBoxx $ High Yield Corporate Bond ETF	1,167.55	●
AGG	iShares Core U.S. Aggregate Bond ETF	447.32	●
IEMG	iShares Core MSCI Emerging Markets ETF	438.49	●
IJR	iShares Core S&P Small Cap ETF	378.02	●
GDX	VanEck Vectors Gold Miners ETF	362.41	●
QUAL	iShares MSCI USA Quality Factor ETF	336.33	●
XLV	Health Care Select Sector SPDR Fund	307.10	●
FIHD	UBS AG FI Enhanced Global High Yield ETN	296.60	●
NUGT	Direxion Daily Gold Miners Index Bull 3x Shares	255.81	●
VTI	Vanguard Total Stock Market Index Fund	245.67	●

Top 10 Redemptions (All ETFs) 流出資金前十大ETF

Ticker	Fund Name	Net Flows*	Details
SPY	SPDR S&P 500 ETF Trust	-1,344.90	●
IWM	iShares Russell 2000 ETF	-809.08	●
USMV	iShares Edge MSCI Min Vol USA ETF	-592.61	●
DIA	SPDR Dow Jones Industrial Average ETF Trust	-563.89	●
QQQ	PowerShares QQQ Trust	-555.88	●
VNQ	Vanguard REIT Index Fund	-543.62	●
IYR	iShares U.S. Real Estate ETF	-380.09	●
XLY	Consumer Discretionary Select Sector SPDR Fund	-331.29	●
FIEG	Deutsche Bank FI Enhanced Global High Yield ETN	-312.47	●
LQD	iShares iBoxx $ Investment Grade Corporate Bond ETF	-304.49	●

如還想查詢更久的 ETF 流出入資金，只要在上面選擇年、月與日期即可。

這裡可以看到一個有趣的現象，在這 7 年間，流入前十大 ETF 中有 6 支都是 Vanguard 所發行，但是流出前十大 ETF，Vanguard 卻是一支都沒上榜，這邊很明顯可以看出投資人對基金發行公司的信任度。

參考資料：

US Stock Market

CRSP Market Decile 1-10 1972-1992

Vanguard Total Stock Market Index Fund （VTSMX） 1993-2015

Short Term Treasuries

IFA Two-Year Global Fixed Income Index 1972-1991

Vanguard Short Term Treasury Fund （VFISX） 1992-2015

Intermediate Term Treasuries

TAM Asset Management Spreadsheet 1972-1991

Vanguard Intermediate-Term Treasury Fund （VFITX） 1992-2015

Long Term Government Bonds

TAM Asset Management Spreadsheet 1972-1986

Vanguard Long Term Treasury （VUSTX） 1987-2015

TIPS

Synthetic TIPS data 1972-2000

Vanguard Inflation-Protected Security Fund （VIPSX） 2001-2015

Gold

KITCO returns （kitco.com） 1972-2004

GLD ETF 2004-2015

Real Estate （REIT）

National Association of Real Estate Investment Trusts 1972-1996

Vanguard REIT Index Fund （VGSIX） 1997-2015

第六章

NOTE

NOTE

我買 ETF，30 歲到北歐看極光──

尋常 7 年級上班族的完成夢想投資法則

作者：張耿豪

出版發行

橙實文化有限公司 CHENG SHIH Publishing Co., Ltd
粉絲團 https://www.facebook.com/OrangeStylish/
MAIL: orangestylish@gmail.com

作　　者　張耿豪
總 編 輯　于筱芬　CAROL YU, Editor-in-Chief
副總編輯　吳瓊寧　JOY WU, Deputy Editor-in-Chief
行銷主任　陳佳惠　Iris Chen, Marketing Manager
美術編輯　亞樂設計
製版／印刷／裝訂　皇甫彩藝印刷股份有限公司

編輯中心

桃園市大園區領航北路四段 382-5 號 2 樓
2F., No.382-5, Sec. 4, Linghang N. Rd., Dayuan Dist., Taoyuan City 337, Taiwan (R.O.C.)
TEL ／（886）3-3811618　FAX ／（886）3-3811620
粉絲團 https://www.facebook.com/OrangeStylish/
MAIL: orangestylish@gmail.com

全球總經銷

聯合發行股份有限公司
ADD ／新北市新店區寶橋路 235 巷弄 6 弄 6 號 2 樓
TEL ／（886）2-2917-8022　FAX ／（886）2-2915-8614

初版日期 2017 年 9 月